中国象棋经典布局系列

顺炮直车对缓开车

朱宝位　刘海亭　编著

时代出版传媒股份有限公司
安徽科学技术出版社

图书在版编目（CIP）数据

顺炮直车对缓开车 / 朱宝位,刘海亭编著. --合肥：
安徽科学技术出版社,2019.1(2023.4 重印)
（中国象棋经典布局系列）
ISBN 978-7-5337-7444-8

Ⅰ.①顺… Ⅱ.①朱…②刘… Ⅲ.①中国象棋-布局（棋类运动） Ⅳ.①G891.2

中国版本图书馆 CIP 数据核字（2018）第 000297 号

顺炮直车对缓开车   朱宝位   刘海亭   编著

出 版 人：丁凌云   选题策划：刘三珊   责任编辑：刘三珊
责任校对：王　静   责任印制：李伦洲   封面设计：吕宜昌
出版发行：安徽科学技术出版社   http://www.ahstp.net
（合肥市政务文化新区翡翠路 1118 号出版传媒广场,邮编：230071）
电话：(0551)63533330
印　　制：唐山富达印务有限公司   电话：(022)69381830
（如发现印装质量问题,影响阅读,请与印刷厂商联系调换）

开本：710×1010　1/16   印张：10.5   字数：189 千
版次：2023 年 4 月第 3 次印刷

ISBN 978-7-5337-7444-8   定价：45.00 元

前　　言

　　顺炮直车对缓开车,是目前较为流行的一种布局阵势。它最早出现于1964年全国赛,广东杨官璘对吉林王佩臣的对局中。后来,东北棋手在1974年全国象棋预赛中使用,结果收效颇佳,引起了棋界的广泛重视。随着20世纪60年代红方创用左正马进三兵的变化后,后手方逐渐挖掘出先进7卒缓出左车的走法,70年代被广泛运用,如今已成为顺炮布局的一个重要体系。由于这种布局的变化复杂,对攻激烈,灵活多变,双方在实战中均有机会,所以至今仍是对抗顺炮布局的主要手段。

　　本书专门介绍和阐述顺炮直车对缓开车的各种局式、变化及其攻防战略。全书分七章共57个局式,最后附有实战对局选例20局,以供读者在阅读研究时与本书理论部分的内容互相印证,并随着实战经验的积累,不断提高这种布局的技战术水平。

　　限于笔者的水平,书中不妥之处在所难免,希望得到棋界同好的批评、指正。

编著者

目　　录

第一章　顺炮直车正马进七兵对右炮过河 ……………………… 1

　第一节　红跃河口马变例 ……………………………………… 1

　　第1局　黑平炮打兵对红平左车(一) …………………… 1

　　第2局　黑平炮打兵对红平左车(二) …………………… 3

　　第3局　黑平炮打兵对红平炮七路(一) ………………… 5

　　第4局　黑平炮打兵对红平炮七路(二) ………………… 8

　　第5局　黑平炮打兵对红平炮七路(三) ………………… 9

　第二节　红外肋马封车变例 …………………………………… 11

　　第6局　红补右仕对黑平炮打兵(一) …………………… 11

　　第7局　红补右仕对黑平炮打兵(二) …………………… 14

　　第8局　红补右仕对黑平炮打兵(三) …………………… 16

　　第9局　红补右仕对黑平炮打兵(四) …………………… 17

　　第10局　红补右仕对黑平炮打兵(五) ………………… 19

　　第11局　红补右仕对黑平炮打兵(六) ………………… 20

　　第12局　红补右仕对黑平炮打兵(七) ………………… 23

　　第13局　红补右仕对黑平炮打兵(八) ………………… 24

　　第14局　红平车七路对黑肋车捉炮(一) ……………… 26

　　第15局　红平车七路对黑肋车捉炮(二) ……………… 29

　　第16局　红平车七路对黑肋车捉炮(三) ……………… 33

　　第17局　黑平炮打兵对红左横车(一) ………………… 34

　　第18局　黑平炮打兵对红左横车(二) ………………… 37

　　第19局　黑平炮打兵对红左横车(三) ………………… 38

　　第20局　红外马封车对黑平炮打兵 …………………… 40

　第三节　红左横车变例 ………………………………………… 42

　　第21局　红左横车对黑平炮压马 ……………………… 42

第二章　顺炮直车正马进七兵对高右横车 ……………………… 46

　第一节　红高左炮变例 …………………………………………… 46

　　第22局　红高左炮对黑平车右肋(一) ………………………… 46

　　第23局　红高左炮对黑平车右肋(二) ………………………… 48

　　第24局　红高左炮对黑飞边象(一) …………………………… 49

　　第25局　红高左炮对黑飞边象(二) …………………………… 51

　　第26局　红高左炮对黑平车左肋(一) ………………………… 54

　　第27局　红高左炮对黑平车左肋(二) ………………………… 55

　　第28局　红高左炮对黑双横车 ………………………………… 57

　第二节　红左炮巡河变例 ………………………………………… 59

　　第29局　红左炮巡河对黑平车右肋(一) ……………………… 59

　　第30局　红左炮巡河对黑平车右肋(二) ……………………… 62

　　第31局　红左炮巡河对黑平车右肋(三) ……………………… 64

　　第32局　红左炮巡河对黑左马盘河 …………………………… 66

第三章　顺炮直车正马进七兵对左横车 ………………………… 69

　第一节　红升巡河车变例 ………………………………………… 69

　　第33局　黑右横车对红平边炮 ………………………………… 69

　　第34局　黑右横车对红左炮巡河 ……………………………… 70

　　第35局　黑右横车对红左横车 ………………………………… 72

第四章　顺炮直车正马左横车对平边炮 ………………………… 75

　第一节　红高横车变例 …………………………………………… 75

　　第36局　黑平边炮对红横车占左肋(一) ……………………… 75

　　第37局　黑平边炮对红横车占左肋(二) ……………………… 78

第五章　顺炮直车正马对挺3卒 ………………………………… 81

　第一节　黑挺3卒变例 …………………………………………… 81

　　第38局　黑挺3卒对红升车巡河 ……………………………… 81

　　第39局　黑挺3卒对红平边炮 ………………………………… 83

第六章　顺炮直车边马对缓开车 ………………………………… 86

　第一节　红五七炮变例 …………………………………………… 86

　　第40局　红五七炮对黑右炮过河(一) ………………………… 86

　　第41局　红五七炮对黑右炮过河(二) ………………………… 88

　　第42局　红五七炮对黑右炮过河(三) ………………………… 89

　　第43局　红五七炮对黑右炮过河(四) ………………………… 91

第44局　红五七炮对黑右炮过河(五) ……………… 92

第45局　红五七炮对黑右炮过河(六) ……………… 94

第46局　红五七炮对黑平右车 ……………………… 96

第47局　红五七炮对黑左横车 ……………………… 98

第二节　红高横车变例 ……………………………… 100

第48局　红高横车对黑平边炮 ……………………… 100

第49局　红高横车对黑补右士 ……………………… 103

第50局　黑进右马对红高横车 ……………………… 105

第三节　其他变例 …………………………………… 107

第51局　黑左横车对红右车过河(一) ……………… 107

第52局　黑左横车对红右车过河(二) ……………… 109

第53局　黑挺7卒对红平炮七路 …………………… 111

第54局　黑挺7卒对红跳边马 ……………………… 112

第七章　五六炮过河车对缓开车 …………………… 115

第一节　红五六炮变例 ……………………………… 115

第55局　黑高车保马对红平仕角炮(一) …………… 115

第56局　黑高车保马对红平仕角炮(二) …………… 118

第57局　黑高车保马对红平仕角炮(三) …………… 120

实战对局选例 ………………………………………… 122

第1局　北京付光明　先负　上海胡荣华 ………… 122

第2局　北京蒋川　先胜　吉林陶汉明 …………… 123

第3局　大连陶汉明　先负　广东吕钦 …………… 125

第4局　河北李来群　先胜　上海胡荣华 ………… 127

第5局　江苏徐天红　先胜　湖南张申宏 ………… 129

第6局　中国澳门李锦欢　先负　越南阮成保 …… 130

第7局　广东吕钦　先胜　吉林陶汉明 …………… 132

第8局　北京蒋川　先胜　吉林陶汉明 …………… 134

第9局　江苏徐健秒　先负　上海胡荣华 ………… 135

第10局　北京蒋川　先胜　四川李艾东 ………… 137

第11局　江苏徐天红　先胜　河北李来群 ……… 139

第12局　江苏徐天红　先胜　上海浦东蒋志梁 … 141

第13局　江苏徐天红　先胜　河北李来群 ……… 142

第14局　湖北李智屏　先负　吉林洪智 ………… 144

◎顺炮直车对缓开车◎

第15局　北京蒋川　先胜　湖南程进超 …………………………………… 146

第16局　湖北熊学元　先负　河北李来群 …………………………………… 148

第17局　广东许银川　先胜　河北张江 …………………………………… 150

第18局　广东许银川　先胜　吉林洪智 …………………………………… 152

第19局　中国赵国荣　先胜　越南阮成保 …………………………………… 155

第20局　上海胡荣华　先胜　河北李来群 …………………………………… 157

第一章　顺炮直车正马进七兵对右炮过河

顺炮直车对缓开车变例,后手方的求变意识增强,并以右炮过河助攻为基本阵势,如今已成为顺炮布局的一个重要体系,至今仍是对抗顺炮布局的主流变化。本章列举 21 局典型局例,分别介绍这一布局中双方的攻防变化。

第一节　红跃河口马变例

第 1 局　黑平炮打兵对红平左车(一)

1. 炮二平五　炮 8 平 5　　2. 马二进三　马 8 进 7

3. 车一平二　卒 7 进 1

形成顺炮直车对缓开车的布局阵势。黑方先进 7 卒缓开左车,在 20 世纪 70 年代被广泛运用,如今已成为顺炮布局的一个重要体系。

4. 马八进七　马 2 进 3　　5. 兵七进一　炮 2 进 4

黑方右炮过河,准备平 3 压马或平 7 打卒争先,寻求对攻之着。

6. 马七进六　••••••••••

红方跃河口马控制肋道,是旧式走法。

6. ••••••••••　炮 2 平 7

7. 车九平八　••••••••••

红方出车开动左翼子力,准备进炮封车扩大先手。

7. ••••••••••　车 9 进 1(图 1)

黑方高左车,寻求变化的走法。

如图 1 形势,红方有两种走法:(一)炮八平七;(二)炮五平七。分述如下:

第一种走法:炮八平七

8. 炮八平七　车 9 平 4

9. 马六进七　车 4 进 2

10. 相三进一　••••••••••

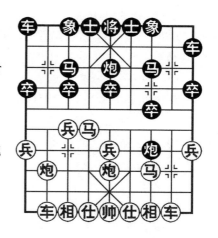

图 1

红方飞边相,再伺机车二进四,较易掌握先手。如改走仕四进五,则卒7进1,兵九进一,车1平2,车八进九,马3退2,相三进一,马2进1,马七退八,士4进5,炮五平六,卒5进1,相一进三,卒5进1,炮六平五,车4进2,车二进三,卒5平6,炮五进五,象7进5,相三退五,卒6进1,马八进九,马7进5,黑方易走。

10.·············　车1平2

黑方另有两种走法:①士4进5,则车二进四,炮5平4,仕四进五,车1平2,车八进九,马3退2,兵九进一,象3进5,车二平四,车4进3,马七退八,车4平3,炮五平四,车3平5,兵七进一,车5平3,兵七进一,炮4平1,相七进五,炮1进3,马八进六,炮1进4,炮七退二,车3平4,马六进四,卒1进1,马四进三,将5平4,相五退三,马2进4,炮四平六,红方有攻势。②炮7平1,车二进四,车1平2,车八进九,马3退2,车二平六,车4进2,马七退六,象3进1,马六进五,马7进5,炮五进四,士6进5,马三进四,马2进4,炮五退一,炮1平9,仕四进五,炮9退2,炮五退一,马4进2,炮七平二,红方易走。

11.车八进九　马3退2　　12.车二进四　炮5平3

13.马七退六　·············

红方退马,保持变化的走法。以往多走车二平六,则车4进2,马七退六,象3进5,炮七进五,马2进3,兵九进一,马3进4,炮五平九,马4进6,马六退五,马6进5,相七进五,马7进6,炮九进四,马6进4,帅五进一,红方较优。

13.·············　炮3进5　　14.马六退七　象3进5

15.兵九进一　·············

红方如改走兵七进一,则车4进3,马七进八,车4平3,兵七平六,车3进3,兵九进一,士4进5,仕四进五,马2进3,车二平四,车3平1,马八进七,车1平3,马七退八,车3平1,马八进七,车1平3,马七退八,双方不变作和。

15.·············　车4进3　　16.马七进六　马2进3
黑方如改走马2进4,则仕四进五,红方略先。

17.马六进七　士4进5　　18.仕四进五　车4退2

19.马三退二　马7进6　　20.马二进四　卒7进1

21.车二平三　炮7平8
双方对峙。

第二种走法:炮五平七

8.炮五平七　·············
红方卸中炮,创新的走法。

8. ⋯⋯⋯⋯⋯　车1平2　　9. 相三进五　车9平4

黑方如改走车9平2,则炮八进七,车2进8,炮八平九,车2退9,车二进三,红方大占优势。

10. 车二进四　车2进6

黑方如改走2进4,则仕四进五,红方下伏兵七进一,再炮七进二的手段,红方优势。

11. 仕四进五　马3退1

黑方如改走车2平4,则马六进七,炮5平6,炮八进四,后车进3,马七退八,后车平2,炮八平七,象3进5,兵七进一,车2平3,马八退六,炮7平4,车八进二,车3退1,车二平六,卒7进1,车六退一,卒7进1,马三退二,红方多子占优。

12. 炮七平六　车4平6　　13. 车二退一　卒7进1

14. 相五进三　车6进4　　15. 马六退五　车6平7

16. 车二平三　车7进1　　17. 马五进三　⋯⋯⋯⋯⋯

以上几个回合,红方弃相谋得一子,采取了先得实利的走法。

17. ⋯⋯⋯⋯⋯　炮5平2　　18. 炮六平四　炮2进5

19. 前马退五　炮2进1　　20. 炮四退一　炮2退1

21. 车八进一　车2退3　　22. 马三进四　炮2退3

23. 马四进六　⋯⋯⋯⋯⋯

红方进马捉车,逼黑方弃卒进行交换,由此取得多兵和兵种齐全的优势,是简明紧凑的走法。

23. ⋯⋯⋯⋯⋯　卒3进1　　24. 兵七进一　炮2平4

25. 兵七平六　车2进5　　26. 炮四平八　马1进2

27. 马五进七　马7进6　　28. 兵五进一　象7进5

29. 炮八平九　马2进3　　30. 炮九进五　马3进1

31. 炮九平一

红方多兵占优。

第2局　黑平炮打兵对红平左车(二)

1. 炮二平五　炮8平5　　2. 马二进三　马8进7

3. 车一平二　卒7进1　　4. 马八进七　马2进3

5. 兵七进一　炮2进4　　6. 马七进六　炮2平7

7. 车九平八　　车1平2　　8. 炮八进四　　车9进1(图2)

如图2形势,红方有三种走法:(一)马六进五;(二)炮八平五;(三)仕四进五。分述如下:

第一种走法:马六进五

9. 马六进五　…………

红方马踩中卒,势在必行。

9.…………　　车2进3

黑方一车换双,是力争主动的走法。如改走马7进5,则炮八平五,士4进5,车八进九,马3退2,炮五平九,红方优势。

10. 车八进六　　马3进5

11. 兵五进一　…………

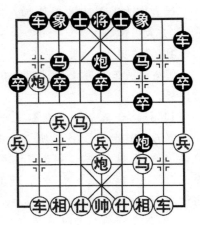

图2

红方进中兵,企图削弱黑方过河炮的作用。如改走仕四进五(如车二进三,则卒7进1,兵五进一,炮7进3,仕四进五,卒7进1,车二退三,炮7平4,帅五平六,卒7进1,黑方优势),则车9平6,车八平七,马5进4,车七平六,马7进6,车六退一,炮5进5,相三进五,马4进6,仕五进四,炮7平5,仕六进五,卒7进1,黑方子力灵活易走。

11.…………　　马5进6

黑方进马捉马,正着。如改走卒7进1,则车八退三,车9平6,兵五进一,炮5进2,车八平五,炮5进3,相三进五,车6进6,车二进二,车6退2,车二进一,红方优势。

12. 炮五进五　　象7进5　　13. 车二进二　…………

红方进车,是改进后的走法。以往多走马三退五,炮7退1,兵五进一,车9平4,车二进六,炮7进1,车八退三,卒7进1,相三进一,士4进5,车二平七,车4进7,车八平四,炮7平1,车七平九,炮1平2,车九平八,将5平4,黑方有攻势,占优。

13.…………　　车9平4　　14. 车八退三　　卒7进1

15. 相七进五　　车4进4　　16. 相五进三　　车4平5

17. 仕四进五　　马6进7　　18. 车八平三　　前马退5

19. 相三退五　　马7进6　　20. 车三进三　　卒9进1

21. 车三平七　　卒9进1

双方大体均势。

第二种走法：炮八平五

9. 炮八平五　　马 3 进 5

黑方如改走马 7 进 5，则车八进九，马 5 进 4，车八平七（如车八退四，则马 3 进 5，仕四进五，车 9 平 6，黑方先手），马 3 进 5，黑方一车换双后，子力活跃易走。

10. 车八进九	马 5 进 4	11. 炮五进五	象 7 进 5
12. 兵五进一	车 9 平 6	13. 车八退六	卒 7 进 1
14. 仕四进五	车 6 进 4	15. 车八平五	马 7 进 6
16. 相三进五	马 4 进 3	17. 车五平七	马 6 进 4
18. 相五进三	车 6 平 7	19. 兵九进一	炮 7 平 6
20. 车七平四	车 7 进 2	21. 车二平四	士 4 进 5
22. 前车平七			

红方主动。

第三种走法：仕四进五

9. 仕四进五　　…………

红方补仕，嫌缓。

9. …………　　车 9 平 2

黑方双车夺炮通过兑子抢得先机，取势要着。

10. 炮八平五	马 3 进 5	11. 车八进八	车 2 进 1
12. 马六进五	卒 7 进 1	13. 马五进三	…………

红方如改走相三进一，则炮 7 平 1，马五进三，炮 5 进 5，相七进五，炮 1 进 3，相五退七，车 2 进 8，黑方有攻势，占优。

13. …………	炮 7 退 4	14. 马三退四	车 2 进 5
15. 炮五进五	象 3 进 5	16. 相三进五	卒 7 进 1
17. 车二进六	车 2 平 5	18. 车二平七	车 5 平 1
19. 车七平一	炮 7 进 2		

黑方易走。

第 3 局　黑平炮打兵对红平炮七路（一）

1. 炮二平五	炮 8 平 5	2. 马二进三	马 8 进 7
3. 车一平二	卒 7 进 1	4. 马八进七	马 2 进 3
5. 兵七进一	炮 2 进 4	6. 马七进六	炮 2 平 7

7.炮八平七　车1平2　8.马六进七 ……………

红方如改走兵七进一,则车2进5,兵七进一,车2平4,炮七进五,车9平8,黑方反先。

8.…………　炮5平4

黑方如改走炮5平6,则马七退六,象3进5,兵七进一,车2进5,炮七进五,炮6平3,马六进五,马7进5,炮五进四,士4进5,兵七进一,红方大占优势。

9.兵七进一 ……………

红方如改走马七退六,则马3进4,兵七进一,炮4进3,兵七平六,车9进1,黑方反先。

9.…………　车2进6

黑方进车兵线占据要道,暗伏平车捉双手段,针锋相对的走法。

10.炮七进二　炮4进5

黑方伸炮打马,好棋。如改走士4进5,则兵七平六,马3退1,仕四进五,炮4平3,炮七进三,马1进3,相七进九,马7进6,车九平七,车9进2,兵六平五,红方优势。

11.马三退五　车9进1　12.车九进二　车9平4(图3)

如图3形势,红方有两种走法:(一)兵七平六;(二)车二进四。分述如下:

第一种走法:兵七平六

13.兵七平六 ……………

红方平兵打马捉炮,实战效果欠佳。

13.…………　车4进3

黑车吃兵,算准可以先弃后取争得优势。如误走车2平3,则车九平七,车4进3,炮七进三,车3进1,马五进七,红方占优。

14.炮七进三　车2退3

黑方退车捉马,是吃兵弃马的续进手段。

15.车九平七　车4退1

黑方退车捉回一子,黑方先弃后取战术获得成功。

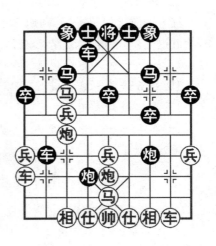

图3

16. 车二进四　车2平3　　17. 炮七平四　炮4进1

18. 车七进四　车4平3　　19. 车二平六　炮4平2

20. 兵九进一　象7进5　　21. 炮四退一　车3进3

22. 车六进一　车3平5　　23. 车六平三　炮2退6

24. 炮五平四　车5平3　　25. 后炮进一　…………

红方只好挺炮拦炮,否则被黑方平中炮叫将,红势立即崩溃。

25. …………　炮7平8　　26. 后炮平三　马7退5

27. 车三进一　炮2进3

黑方子力灵活且多卒,占优。

第二种走法:车二进四

13. 车二进四　…………

红方高车巡河,是改进后的走法。

13. …………　炮4平2

黑方平炮亮出车路,暗藏杀机,好棋。

14. 兵七平六　…………

红方如改走马五进七,则炮2平5,相七进五,车2平3,车二平四,士4进5,仕六进五,车4进2,兵九进一,象7进5,后马退九,炮7进1,相五退七,炮7进1,相七进五,炮7退1,相五退七,炮7退2,车九平七,车3平1,相七进九,车1退1,马九退七,炮7平3,车四平七,车1平3,车七进二,双方对峙。

14. …………　车4进3　　15. 马七退六　…………

红方退马,正着。如误走炮七进三,则车4进5,帅五平六,车2平4,炮五平六,车4进1,帅六平五,炮2进2,相七进五,车4平1,黑方大占优势。

15. …………　马3进2　　16. 炮七进一　车2平3

黑方平车,势在必行。如改走车2退1,则马五进七,红方双马连环,子力灵活占优。

17. 车九平八　车3退2　　18. 炮五平六　车4平5

19. 车八进二　…………

红方如改走马六进八,则车3平2,车八进三,车5平2,黑方多卒易走。

19. …………　象7进5　　20. 车二退一　炮7退1

黑方如改走炮7平1,则兵五进一,红方得子。

21. 马六进八　车5平4

黑方不急于吃子,抓住红方窝心马的弱点平车捉炮,意在取势。

22.炮六平九　　车4进4　　23.马五进四　　马7进6

24.仕四进五　　马6进4　　25.车八退二　　车3平2

26.车八进三　　马4退2

黑方多卒易走。

第4局　黑平炮打兵对红平炮七路(二)

1.炮二平五　　炮8平5　　2.马二进三　　马8进7

3.车一平二　　卒7进1　　4.马八进七　　马2进3

5.兵七进一　　炮2进4　　6.马七进六　　炮2平7

7.炮八平七　　车1平2　　8.马六进七　　炮5平4

9.兵七进一　　车2进6　　10.相七进九　　车9平8(图4)

黑方出车邀兑,暗伏弃子争先的战术手段。如改走车2平3,则车九平七,车3退2(如象7进5,则兵七平六,车3退3,炮七进五,车3进6,相九退七,红方多兵略优),炮七进二,象7进5,炮五平七,车3平6,前炮进三,红方多子占优。

如图4形势,红方有两种走法:(一)兵七平六;(二)车二进九。分述如下:

第一种走法:兵七平六

11.兵七平六　　…………

红方平兵,求稳。

11.…………　　车8进9

12.马三退二　　马3退1

13.车九平七　　…………

红方平车嫌缓,径走兵六进一为宜。

13.…………　　士6进5　　14.仕六进五　　车2平5

15.兵六进一　　炮4平6　　16.马七退六　　卒5进1

黑冲中卒,准备过河助战,细腻之着。

17.兵六平七　　卒5进1　　18.马六进八　　马7进6

19.炮七进三　　卒5平4　　20.炮七平三　　…………

红方平炮打卒,亦属无奈。如改走炮七进四,则马1退3,车七进五,炮6平

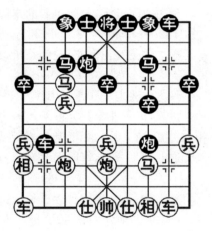

图4

5(如马6退5,则车七平三,红方尚可一战),炮五进五(如车七平四,则车5进1),马6退5,黑方多子占优。

20. ⋯⋯⋯⋯　象7进5　　21. 炮三退一　炮6平7

黑方子力占位极好,大占优势。

第二种走法:车二进九

11. 车二进九　⋯⋯⋯⋯

红方弃相兑车,新的尝试。

11. ⋯⋯⋯⋯　炮7进3　　12. 仕四进五　马7退8

13. 炮五进四　⋯⋯⋯⋯

红方以往曾走兵七平六,车2平3(应炮4平8,炮七进五,车2平5,相九退七,炮7平9,马三进二,士6进5,黑方弃子占势,易走),车九平七,炮4平8,马七退六,炮7平9,马三进二,马3退1,炮五进四,马8进7,炮五退一,卒7进1,马六进八,车3平5,马八进六,卒7平8,车七平八,卒8平7,炮七平二,炮8退1,车八进八,车5退2,车八平二,红胜。

13. ⋯⋯⋯⋯　炮4平7

黑方平炮射马,正着。如改走炮4平8,则炮五退一,马8进7,炮七进二,将5进1,炮七平五,将5平6,车九进一,炮7退1,仕五进六,炮7平2,后炮平四,炮8进6,车九退一,将6平5,炮四退一,对攻中红方占优。

14. 炮五退一　⋯⋯⋯⋯

红方如改走炮五平三,则象7进5,车九平七,马8进6,马七退五,马3进5,兵七平六,马6进7,马五进三,马5进4,黑方优势。

14. ⋯⋯⋯⋯　炮7进5　　15. 相九退七　车2平5

黑方如误走马8进7,则炮七进二,车2平5,车九进二,后炮退2,车九平四,车5退1,炮七退二,至此,红方各子配合已构成强大攻势。

16. 车九平八　前炮平9　　17. 帅五平四　车5平6

18. 炮七平四　马8进7

对攻中黑方多子占优。

第5局　黑平炮打兵对红平炮七路(三)

1. 炮二平五　炮8平5　　2. 马二进三　马8进7

3. 车一平二　卒7进1　　4. 马八进七　马2进3

5. 兵七进一　炮2进4　　6. 马七进六　炮2平7

7. 炮八平七　　车1平2　　8. 马六进七　　炮5平4

9. 仕四进五　·············

红方补仕,创新的走法。

9. ·············　　车2进6　　10. 马七退六　　车2平3

11. 兵七进一　　马3进4

黑方如改走车3退2,则炮七进五,车3退2,马六进五,红方主动。

12. 兵七平六　　炮4进3

13. 车九进二(图5)　·············

如图5形势,黑方有两种走法:(一)士6进5;(二)车9进1。分述如下:

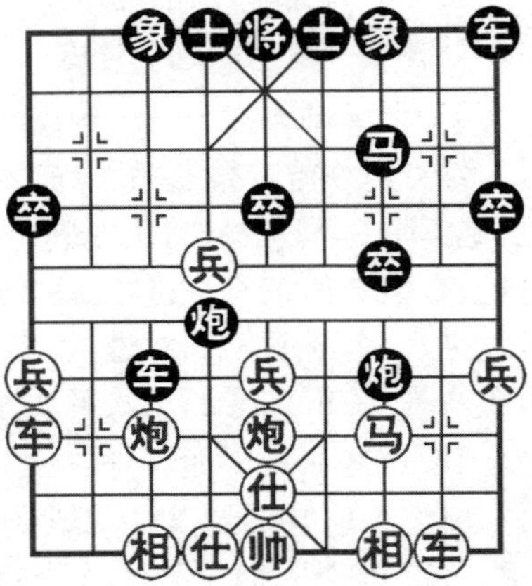

第一种走法:士6进5

13. ·············　　士6进5

14. 兵六进一　　炮4平7

15. 兵五进一　　卒9进1

黑方改走后炮进2,炮七平三,车3平5为宜。

16. 车二进三　·············

红方进车牵制黑方车炮,暗伏炮七进七打象手段,老练的走法。

16·············　　车3平6　　17. 炮七进四　·············

红方进炮瞄卒,恰到好处,简明有力之着。

17. ·············　　象7进5　　18. 炮五进四　　车9平6

19. 炮五平四　·············

红方平炮,切断黑方双车联系并为兵五进一腾路,紧凑之着。

19. ·············　　后车平8　　20. 车二进六　　马7退8

21. 兵五进一　　马8进6　　22. 兵五进一　　马6进8

23. 兵九进一　　前炮进3　　24. 车九平四

红方多兵占优。

第二种走法:车9进1

13. ·············　　车9进1

黑方高横车,准备策应右翼。

14. 车九平八　　车9平4　　15. 炮五平六　·············

图5

红方改走兵六平五为宜。

15. ··········	车 3 平 4	16. 炮六进二	前车退 1
17. 炮七平六	后车平 6	18. 相三进五	车 4 退 1
19. 车八进二	车 6 进 5	20. 车二进六	象 7 进 5
21. 兵九进一	车 4 进 2	22. 车八平五	士 6 进 5
23. 炮六平九	车 4 平 1		

双方互缠。

小结:红方马七进六跃河口马控制肋道,是旧式应法。由于红进肋马易遭攻击,使红方的先手不易发展,所以近几年来较少被人采用。现今红方采取马七进八外马封车的走法,变化更为丰富。

第二节　红外肋马封车变例

第6局　红补右仕对黑平炮打兵(一)

1. 炮二平五	炮 8 平 5	2. 马二进三	马 8 进 7
3. 车一平二	卒 7 进 1	4. 马八进七	马 2 进 3
5. 兵七进一	炮 2 进 4	6. 马七进八	··········

红方外肋马封车谋求多变,战法积极,是自20世纪70年代至今兴盛不衰的一个重要变例。

6. ··········　　车 9 进 1

黑方高横车,迅速开动主力。

7. 车九进一	车 9 平 4	8. 仕四进五	··········

红方补仕预防黑方进车仕角捉炮,稳健的走法。

8. ··········	炮 2 平 7	9. 车九平七	

红方平车七路,准备兵七进一展开攻击,常见的走法。

9. ··········　　象 3 进 1

黑方飞边象防止红方兵七进一争先,并间接活通底车,是黑方实战中运用较多的应着。如改走车 4 进 3(如车 4 进 5,则兵七进一,车 4 平 2,马八进六,卒 3 进 1,马六进七,车 2 进 1,车七进四,红方优势),则马八进七,车 1 平 2,兵七进一,车 4 进 2,炮八进三,卒 7 进 1,车七进三,车 4 平 3,车七平三,车 3 退 2,车三退一,车 3 退 1,炮八平三,马 7 进 6,车三进一,车 3 平 4,车三平四,马 6 进 4,车二进九,红方大占优势。

10.兵五进一(图6) ‥‥‥‥‥

红方冲中兵威胁黑方中路,并可升车捉炮抢占兵线要道,力争主动的走法。如图6形势,黑方有两种走法:(一)士4进5;(二)车4进5。分述如下:

第一种走法:士4进5

10.‥‥‥‥‥ 士4进5

黑方补士,巩固中防。

11.马八进七 ‥‥‥‥‥

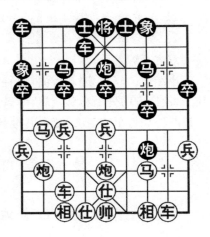

图6

红方进马吃卒,正着。如改走车七进二,则卒7进1,马八进七,车4进2,马七退八(如兵七进一,则象1进3,车七进二,车1平2,炮八平七,马3退1,黑方弃象后有强烈的反击手段),车1平4,兵七进一,炮5进3,帅五平四,前车进2,马八进七,象1进3,车七进二,后车进4,车七退三,前车进1,炮八进二,前车平6,帅四平五,车6平4,帅五平四,马7进6,车七进二,马6退4,车七退二,炮7平1,黑方优势。

11.‥‥‥‥‥ 车1平2

黑方如改走车4进5,则兵七进一,车1平2,兵七平八,车2平3,兵五进一,炮5进2,车二进四,炮7退1,相三进一,炮5进1,车二进三,车3平4,炮八退二,炮7进1,车二退三,炮7退1,车二进三,前车平7,马三退四,马7进6,相一进三,象1进3,车二平七,红方多子胜势。

12.车七进二　卒7进1

黑方如改走车2进7,则马七进五,象7进5,车七平三,也是红方优势。

13.马七进五　象7进5　14.炮八平六　车4平2

黑方如改走车2进4,则相三进一,车2平7,兵五进一,红方中路占势易走。

15.兵五进一　前车进5　16.车七平五　象1退3

17.兵五进一 ‥‥‥‥‥

红方亦可改走炮六平七,黑如车2平5,则马三进五,车2进6,马五进三,车2平3,车二进三,黑方车炮被牵,红方占优。

17.‥‥‥‥‥ 前车平5

黑可改走马3进5,红如接走炮五进四,则前车平5,马三进五,马7进5,兑子简化局势,要比实战走法为好。

18. 马三进五　车2进6　　19. 马五进三　马3进5

20. 炮五进三　…………

红方进炮压马,是控制局势的有力之着。

20. …………　炮7平1　　21. 马三进二　车2平6

22. 相三进五　炮1平4　　23. 车二平四　…………

红方兑车,准备争斗马炮残棋,稳步进取的走法。

23. …………　车6进3　　24. 帅五平四　炮4平6

25. 帅四平五　炮6退5　　26. 相五进三

红方飞相,预做防范,细腻之着。

26. …………　卒1进1　　27. 炮六进四　…………

红方进炮塞象眼,准备抢渡七路兵,是迅速扩大优势的有力之着。

27. …………　卒1进1　　28. 兵七进一

红方优势。

第二种走法:车4进5

10. …………　车4进5

黑方进车兵线,力争主动的走法。

11. 兵七进一　车4平2　　12. 马八进六　卒3进1

13. 马六进七　车2进1　　14. 车七进二　卒7进1

15. 相三进一　…………

红方如改走车七平四,则车2退2,马七退六,车1进1,马六进五,象7进5,车四平五,马7进6,车五平四,马6退7,车四平五,马7进6,车五平四,马6退7,车五平四,双方不变作和。

15. …………　车1平3　　16. 马七退六　…………

红方如改走马七退五,则马7进5,炮五进四,炮5平3,炮五平七,车3平2,黑方反先。

16. …………　车3平2　　17. 马六进五　…………

红方以马兑炮,简明的走法。如改走马六进四,则黑方有炮5平3打车的手段。

17. …………　象7进5　　18. 兵五进一　…………

红方续冲中兵,紧凑之着。如改走相一进三,则后车进6,红方无便宜可占。

18. …………　卒5进1　　19. 车七平五　象1退3

— 13 —

20. 车五进二　士4进5　　21. 马三进五　炮7平1

22. 马五进三　炮1退2　　23. 车五退一

红方优势。

第7局　红补右仕对黑平炮打兵(二)

1. 炮二平五　炮8平5　　2. 马二进三　马8进7

3. 车一平二　卒7进1　　4. 马八进七　马2进3

5. 兵七进一　炮2进4　　6. 马七进八　车9进1

7. 车九进一　车9平4　　8. 仕四进五　炮2平7

9. 车九平七　象3进1　　10. 相三进一(图7)　··········

红方飞边相，其用意是准备车二平四攻击黑方7路炮。

如图7形势，黑方有三种走法：(一)炮7平1；(二)士4进5；(三)车4进5。
分述如下：

第一种走法：炮7平1

10. ··········　炮7平1

黑方炮打边兵左炮右移，使得左马易受攻击。

11. 车二进六　马7进6

12. 车七进二　炮1进3

13. 车二平四　马6进7

14. 车四退三　炮5平7

黑方卸炮保马，造成中路空虚受攻。不如改走马7退8，以委曲求全为宜。

15. 兵五进一　士4进5

16. 兵五进一　车1平4

17. 兵五进一　马3进5

18. 炮八平六　前车进6

红方平炮打车，一击中的！逼使黑方弃车砍炮一搏，黑如逃车，则车七平五，黑亦难应。

19. 仕五进六　车4进7　　20. 帅五进一　车4进2

21. 马八进七　车4退6　　22. 马七进八　车4退2

23. 车七平八　马7进9　　24. 车四平六

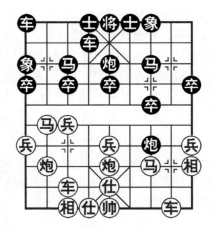

图7

红方胜势。

第二种走法：士4进5

10. ………………　士4进5　　11. 车二平四　炮7平1

黑方如改走车4进3,则车四进三,马7进8,马八进七,车1平2,马七进五,象7进5,炮八平七,红方大占优势。

12. 车七进二　炮1进3　　13. 马三进四　车4进7

14. 炮五平三　车4平2　　15. 车四进二　马7退9

16. 马四进六　车1平4　　17. 车四平六　………………

红方平车保马稳健,也可改走马六进七吃马,局面非常复杂。

17. ………………　车4进3　　18. 马六进四　车2平5

黑方车杀中仕,着法凶悍。也可考虑走车4进4,红方如马四进三,则将5平4,仕五进六,炮5平4,下伏炮4进7打仕的手段;再如红方直接走仕五进六,则炮5平6,红方阵形散乱,黑方以下有车2进1的手段。

19. 帅五进一　车4进4　　20. 相七进五　车4退4

21. 车七平九　士5进6

此时黑方最强手! 如改走炮1平2,则马八退七,炮2退1,车九退二,黑方车炮被捉死。

22. 马四退五　………………

正着。如改走车九退三,则卒5进1,马四退二,炮5进4,帅五平四,车4平8,黑方弃子有攻势,易走。

22. ………………　车4进6　　23. 马八进七　士6进5

24. 炮八平七　炮5平4　　25. 马五进三　炮1平2

26. 车九平八　炮2平1　　27. 马七进九　炮4平1

黑方应改走炮1退7为宜。

28. 炮七进五　象7进5　　29. 车八进六　车4退9

30. 车八平六　将5平4　　31. 马三进五

红方易走。

第三种走法：车4进5

10. ………………　车4进5　　11. 车七进一　………………

红方进车,好棋。如改走马八进七,则车1平2,黑方先手开出。

11. ………………　车4平2　　12. 马八进七　士4进5

13. 车二平四　车2平3　　14. 车七进一　炮7平3

15. 马七进五　象7进5　　16. 马三进二

红方易走。

第8局　红补右仕对黑平炮打兵（三）

1. 炮二平五　炮8平5　　2. 马二进三　马8进7
3. 车一平二　卒7进1　　4. 马八进七　马2进3
5. 兵七进一　炮2进4　　6. 马七进八　车9进1
7. 车九进一　车9平4　　8. 仕四进五　炮2平7
9. 车九平七　象3进1　　10. 马八进七　…………

红方进马踏卒，先得实惠。

10. …………　车1平2　　11. 炮八平六（图8）…………

如图8形势，黑方有两种走法：（一）车2进4；（二）车4进2。分述如下：

第一种走法：车2进4

11. …………　车2进4

黑方升车守护河界，稳健的走法。

12. 相三进一　…………

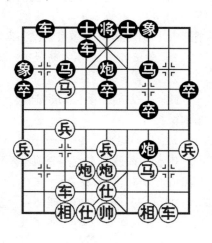

图8

红方如改走马七进五，则象7进5，炮五平四，卒7进1，相三进五，车4进4，兵九进一，士6进5，炮四退二，马3进4，兵七进一，车2平3，车七进四，象1进3，炮六进三，车4退1，相五进三，车4平8，双方均势。

12. …………　士4进5

13. 兵九进一　…………

红方兵九进一，避免黑方炮打边兵。如改走车二进四，则车4进5，马三退二，车2平6，兵五进一，车6进2，兵五进一，炮5进2，马七退五，卒5进1，兵七进一，车4平3，车二平七，车3进2，车七退三，卒5进1，炮六进三，卒5进1，兵七进一，马3进5，炮五进四，马7进5，兵七平六，马5进6，炮六平八，马6进8，黑方优势。

13. …………　车4进2　　14. 马七进九　车2退2

黑方如改走炮5平1，则兵七进一，车2退1，兵七平六，车4平3，兵六平七,车3平4,双方不变作和。

15.兵七进一	车4进2	16.兵五进一	车4进1
17.兵七进一	马3退4	18.车七进四	卒7进1
19.相一进三	车2平1	20.炮五进一	炮5进3
21.炮六平五	炮5进2	22.相三退五	车1平6
23.车七平三	车6进4	24.车二平四	车6进3
25.帅五平四	炮7平6	26.车三进二	

红方优势。

第二种走法:车4进2

11.‥‥‥‥‥ 车4进2

黑方进车捉马,是改进后的走法。

12.兵七进一 象1进3

黑方如改走马3退5,则红有兵七平六弃兵,再马七进五踏中炮的手段。

13.车七进四 车2进3 14.车七平三 炮7平1

15.车三进二 ‥‥‥‥‥

红方如改走炮五平四,则车2平3,相三进五,卒5进1,车三进二,卒5进1,炮四进六,车4平5,兵五进一,车5进2,对攻中黑方易走。

15.‥‥‥‥‥	炮1进3	16.车二进八	士4进5
17.马三进二	车4平3	18.炮五平三	士5进6
19.炮三进七	士6进5	20.车三退四	车3进6
21.帅五平四	车3平4	22.帅四进一	车2进5
23.炮三平一	将5平4	24.炮一退一	车4平5
25.马二退三	车5平7		

对攻中黑可抢攻在先。

第9局 红补右仕对黑平炮打兵(四)

1.炮二平五	炮8平5	2.马二进三	马8进7
3.车一平二	卒7进1	4.马八进七	马2进3
5.兵七进一	炮2进4	6.马七进八	车9进1
7.车九进一	车9平4	8.仕四进五	炮2平7
9.车九平七	炮5退1		

黑方退炮,含蓄的走法。

10. 车二进八 ⋯⋯⋯⋯

红方进车下二路,针对性较强的走法。

10. ⋯⋯⋯⋯ 车1进1(图9)

黑方高右横车,正着。如改走车4进5,则兵七进一,车4平2,马八进六,卒3进1,马六进七,车2进1,车七平六,象3进5,车六进七,红方优势。

如图9形势,红方有两种走法:(一)车二平四;(二)相三进一。分述如下:

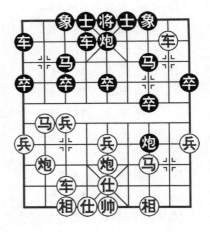

图9

第一种走法:车二平四

11. 车二平四 卒7进1

黑方应改走车4进1为宜。

12. 车四退一 ⋯⋯⋯⋯

红方退车捉马,紧凑有力之着。

12. ⋯⋯⋯⋯ 炮5进1 13. 兵七进一 士4进5

14. 车四进一 车4进4

黑方如改走卒3进1,则车七进四,车4进1,相三进一,红方优势。

15. 马八进七 炮5平4 16. 兵七平八 车4退1

17. 马七退八 车4进1 18. 车七进六 车4平2

19. 车七进二 炮4退2 20. 炮八平九

红方优势。

第二种走法:相三进一

11. 相三进一 卒7进1

黑方如改走车4进3,则车二平四,炮5平3,车四退五,马7进8,兵五进一,象3进5,帅五平四,士4进5,兵七进一,车4平3,车七进四,卒3进1,炮八平七,卒3进1,炮七进五,卒3平2,相七进九,炮3退1,炮五进四,车1平4,炮五退一,卒7进1,相一进三,车4进2,帅四平五,车4平6,车四平五,车6平3,炮七平八,车3进4,相三退五,炮3进3,相九退七,炮3进6,相五退七,车3平7,相七进五,车7平9,炮八退二,马8退6,车五平三,红方多子占优。

12. 兵五进一 ⋯⋯⋯⋯

红方如改走相一进三,则车4进4,兵五进一,卒3进1,车七进二,卒3进1,车七平三,卒3平2,相三退一,炮5平3,相七进九,马7进6,车三平四,车4

平5,相一退三,马3退5,车二退一,马5进7,黑方易走。

12.…………	炮5进4	13. 车二平六	车1平4	
14. 车七进二	象7进5	15. 马八进七	马7进8	
16. 相一进三	车4平7	17. 车七平五	炮5平6	
18. 兵七进一	车7进4	19. 马七进五	象3进5	
20. 兵七进一	炮6退3	21. 兵七进一	车7平2	

22. 炮八平六

红方优势。

第10局　红补右仕对黑平炮打兵(五)

1. 炮二平五	炮8平5	2. 马二进三	马8进7
3. 车一平二	卒7进1	4. 马八进七	马2进3
5. 兵七进一	炮2进4	6. 马七进八	车9进1
7. 车九进一	车9平4	8. 仕四进五	炮2平7

9. 车九平七　炮5退1(图10)

如图10形势,红方有两种走法:
(一)兵五进一;(二)相三进一。分述如下:

第一种走法:兵五进一

10. 兵五进一　…………

红方进中兵,比较少见。如改走兵七进一,则卒3进1,车七进四,车4进1,车二进八,象3进5,车七退一,车1进1,黑方反夺先手。

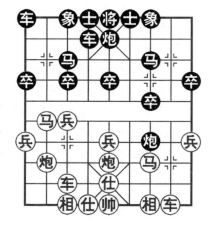

图10

10.…………	车4进5
11. 兵七进一	车4平2
12. 马八进六	车2进1
13. 马六进七	卒3进1

黑方如改走炮5平3,则兵五进一,士4进5,兵五进一,红方优势。

14. 车七进二	卒7进1	15. 兵五进一	…………

红方如改走马七进五,则士4进5,相三进一,车1平2,相一进三,车2退1,车七进二,象3进5,黑方满意。

15.…………	卒5进1	16. 马七进五	士4进5

17. 车七平五　象3进5　　18. 车五进二　炮7平3

19. 车二进三　卒3进1　　20. 炮五平四　车2退4

21. 炮四退一　车2平7　　22. 炮四平三

黑方多卒易走。

第二种走法:相三进一

10. 相三进一　……………

红方飞边相嫌软,现已很少见。

10. ……………　车4进5

黑方进车兵线,威胁红方八路马炮,着法紧凑有力。

11. 兵七进一　车4平2　　12. 马八进六　车2进1

13. 马六进七　炮5平3　　14. 车二进三　……………

红方如改走马七退五,则象3进5,也是黑方优势。

14. ……………　卒7进1　　15. 车七进三　车1进2

16. 车七平三　炮7平1　　17. 兵五进一　……………

红方挺中兵,出于无奈。如误走车三进三,则炮1平8,炮五进四,车2平7,车三退五,车1平3,黑方得子。

17. ……………　车1平3　　18. 车二平九　卒3进1

19. 兵五进一　士4进5　　20. 兵五进一　卒3进1

21. 相一退三　马7进6

黑方乘势跃马进攻,夺取主动权。

22. 兵五平六　象7进5　　23. 兵六进一　卒3平4

24. 相七进九　车3平4

黑方优势。

第11局　红补右仕对黑平炮打兵(六)

1. 炮二平五　炮8平5　　2. 马二进三　马8进7

3. 车一平二　卒7进1　　4. 马八进七　马2进3

5. 兵七进一　炮2进4　　6. 马七进八　车9进1

7. 车九进一　车9平4　　8. 仕四进五　炮2平7

9. 车九平七　车4进1

黑方高车,预做防范,坚守待变的走法。

10. 兵五进一(图11)　……………

红方冲中兵,伏车七进二捉炮的手段。如改走炮五平六,则卒1进1,相三进五,炮5退1,兵七进一,卒3进1,车七进四,象3进5,车七退一,炮5平3,车七平四,士4进5,炮八平九,车1平2,炮九平八,车2平3,炮八平七,炮3进6,马八退七,马3进2,车二进三,车3进7,车二平三,马2进1,车四平八,车4进4,车三平四,马1退3,黑方反先。

如图 11 形势,黑方有两种走法:(一)士4进5;(二)卒7进1。分述如下:

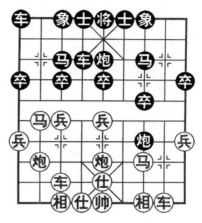

图 11

第一种走法:士4进5

10.…………　士 4 进 5

黑方如改走车 4 进 4,则兵七进一,车 4 平 2,马八进六,车 2 进 1,马六进七,卒 3 进 1,车七进二,卒 7 进 1,相三进一,红方优势。

11.车七进二	卒 7 进 1	12.相三进一	炮 5 进 3
13.相一进三	炮 5 平 2	14.车七平三	象 3 进 5
15.车二进七	…………		

红方如改走相三退一,则马 7 进 6,车三平四,马 6 进 4,车四平六,车 4 退 2,车二进五,也是红方易走。

15.…………	马 7 进 6	16.车三平四	马 6 进 4
17.车四平六	车 4 进 2	18.炮五平四	车 4 平 7
19.兵七进一	车 7 进 1	20.车二退三	车 7 平 8
21.马三进二	车 1 平 4	22.马二进三	卒 3 进 1
23.炮四进六	车 4 进 4	24.马三进五	卒 3 进 1
25.马五进七	将 5 平 4	26.炮八平六	

红方优势。

第二种走法:卒7进1

10.…………　卒 7 进 1　11.车七进二　…………

红方挺中兵,再升车兵线瞄炮,准备在黑方左翼"做文章"。

11.…………　士 4 进 5

黑方补士,巩固阵势。如改走炮5进3,则马八进七,象3进5,车七平五,炮

5 进 2,相三进五,车 1 平 2,炮八进二,车 2 进 3,炮八平三,马 7 进 6,车五平四,车 2 平 3,车二进五,车 4 进 2,炮三进二,红方妙手得子。

12. 相三进一　…………

红方如改走马八进七,则车 1 平 2,马七进五,象 3 进 5,炮八平六,车 4 进 2,相三进一,车 4 平 2,相一进三,前车进 2,车七平八,车 2 进 6,车二进三,车 2 平 1,炮五进一,马 7 进 6,炮五进三,马 3 进 5,兵五进一,马 5 退 7,炮六进三,车 1 退 2,炮六平四,车 1 平 5,双方均势。

12. …………　炮 5 进 3	13. 相一进三　炮 5 平 2
14. 车七平三　象 3 进 5	15. 相三退一　马 7 进 6
16. 车三平四　车 4 进 2	17. 车二平四　马 6 进 8

18. 前车平二　…………

红方平车顶马,稳步进取的走法。如改走兵七进一,则马 8 进 6,兵七平六,马 6 退 4,红方虽有一兵过河,但黑方马炮占位较好,红无便宜可占。

18. …………　马 8 退 6	19. 马三进四　炮 2 平 6
20. 车四进四　车 1 平 2	21. 炮八平六　车 2 进 4
22. 炮五平四　马 6 退 7	23. 车四平三　车 4 平 7
24. 车三进一　车 2 平 7	25. 车二平八　…………

红方右车左移,准备攻击黑方薄弱的右马,攻击点十分准确。

| 25. …………　卒 3 进 1 | 26. 车八进四　马 3 退 4 |

27. 炮六进六　…………

红方弃兵进炮,力争主动的积极走法。如改走兵七进一,则车 8 平 3,红方无隙可乘。

27. …………　卒 3 进 1	28. 炮六平九　车 7 平 3
29. 炮九进一　车 3 退 4	30. 炮九平八　卒 5 进 1
31. 炮四平九　马 7 进 5	32. 炮九进四　马 5 进 3
33. 车八退二　车 3 平 2	

黑方弃车啃炮,可以一车换双,只好如此了。否则难以解拆红方炮九进三打车的手段。

| 34. 车八进四　马 3 退 1 | 35. 车八退三　马 1 进 2 |

36. 车八平一

红方易走,基本和势。

第 12 局　红补右仕对黑平炮打兵（七）

1. 炮二平五	炮8平5	2. 马二进三　马8进7
3. 车一平二	卒7进1	4. 马八进七　马2进3
5. 兵七进一	炮2进4	6. 马七进八　车9进1
7. 车九进一	车9平4	8. 仕四进五　炮2平7
9. 车九平七	车4进1	10. 相三进一（图12）············

红方飞边相，静观其变之着。

如图 12 形势，黑方有三种走法：
（一）车1进1；（二）炮7平1；（三）卒1进1。
分述如下：

第一种走法：车 1 进 1

10. ············　车 1 进 1

黑方高车，准备策应过河炮。

11. 兵五进一　············

红方亦可改走车二平四，黑如接走车1
平8，则马八进七为宜。

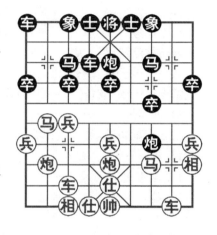

图 12

11. ············	车 1 平 4	
12. 兵七进一	卒 3 进 1	
13. 车七进四	炮 5 进 3	
14. 马三进五	炮 5 进 2	15. 相七进五　象 7 进 5
16. 车七进一	马 3 退 1	17. 炮八平六　前车平 3
18. 车七平九	车 4 进 4	19. 马五进六　车 3 退 1
20. 车二进三	卒 7 进 1	

红方占势，黑方多卒，双方各有顾忌。

第二种走法：炮 7 平 1

10. ············　炮 7 平 1

黑方炮击边兵，脱离险境。

11. 车二进六　············

红方如改走车七平九，则炮 1 退 2，车二进四，士 4 进 5，马八进七，车 1 平
2，炮八平六，马 7 进 6，兵七进一，车 2 平 3，车九平七，炮 1 进 5，兵七平六，车 4
进 2，马七进五，象 3 进 5，车七进六，车 4 进 1，车二平四，车 4 平 6，马三进四，马

6进4,车七退三,马4进5,马四退五,红方多子占优。

11.…………	炮1进3	12.车七进一	车1进1
13.马八进七	车1平2	14.马七进五	象3进5
15.车二平三	马7退9	16.兵七进一	象5进3
17.车三平五	象3退5	18.车五平七	卒1进1
19.兵五进一	士4进5	20.兵五进一	马3退4
21.马三进五	车4进4	22.马五进六	炮1平2
23.前车平一	马9进7	24.车一平三	马7退8

红方优势。

第三种走法:卒1进1

10.…………	卒1进1

黑方挺边卒,准备1路车从边线杀出,从而直接威胁红方河口马。

11.车二平四	…………

红方平车肋道,是飞边相的后续手段。

11.…………	炮7平1	12.车四进七	马7进8
13.车七进二	卒1进1	14.马八进七	车1平2
15.炮八平九	士4进5	16.车四退二	象7进9
17.兵七进一	车2进7	18.车四退一	

红方大占优势。

第13局　红补右仕对黑平炮打兵(八)

1.炮二平五	炮8平5	2.马二进三	马8进7
3.车一平二	卒7进1	4.马八进七	马2进3
5.兵七进一	炮2进4	6.马七进八	车9进1
7.车九进一	车9平4	8.仕四进五	炮2平7
9.车九平七	卒7进1		

黑方冲7卒,准备施用弃子争先的战术来与红方抗争。

10.兵七进一	卒3进1	11.车七进四	车4进4
12.马八退七	车4进1		

黑方进车,继续贯彻弃子争先的战术意图。如改走车4退3,则车七退一,也是红占主动。

13.车七进二	…………

红方吃马,正着。如改走兵五进一,则马3退5,炮八进二,象3进1,车七进一,车1平3,车七进三,象1退3,炮八平三,炮5进3,黑方满意。

13.·········　车4平3　　14.车七退四　炮7平3

15.相七进九(图13)·········

如图13形势,黑方有两种走法:
(一)车1平2;(二)炮5平3。分述如下:

第一种走法:车1平2

15.·········　车1平2

黑方如改走卒7进1,则炮八进五,马7进6,车二进五,马6进4,车二平七,车1平2,车七退二,车2进2,马三退二,红方多子,大占优势。

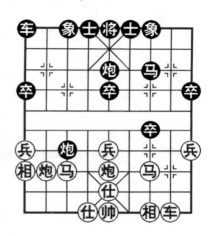

图13

16.兵五进一　·········

红方冲中兵,是改进后的走法。如改走车二进六,则马7进6,炮五进四,炮5平3,车二平四,车2进7,车四退一,后炮进5,黑方占优。

16.·········　马7进6

黑方跃马河口,力争主动。如改走卒7进1,则马三进五,马7进6,马五进三,马6进4,马三进二,红方多子占优。

17.车二进五　马6进4　　18.车二退二　车2进6
19.车二平六　炮5平3　　20.兵五进一　后炮进5
21.兵五进一　士4进5　　22.车六进一　前炮平1
23.仕五进六　卒7进1　　24.马三进五　炮3进3
25.帅五进一　车2平5　　26.车六平七　象3进5

27.车七退四

红方优势。

第二种走法:炮5平3

15.·········　炮5平3

黑方平炮打马准备追回一子,正着。

16.兵五进一　后炮进5　　17.车二进三　后炮平7
18.马三进五　炮3退1　　19.兵五进一　车1平2

20. 炮八平七　　士 4 进 5　　21. 车二退一　……………

红方退车看似笨拙,实则是改进后的含蓄有力之着。如改走车二进三,则炮 3 退 3,车二进一,象 3 进 5,马五进三,车 2 进 6,兵五进一,马 7 进 5,马三进五,马 5 进 7,车二退一,炮 3 平 5。以下红方不能走炮五进四打炮,否则马 7 退 5,车二平五,炮 7 平 5,黑方得车,立成和棋之势。

21. ……………　　卒 5 进 1　　22. 马五进三　　象 3 进 5

黑方如改走卒 5 进 1,则马三进四,也是红占主动。

23. 车二进四　　马 7 进 6　　24. 车二平四　　炮 3 退 2

25. 马三进五　　炮 7 平 5　　26. 帅五平四　　车 2 平 4

27. 马五退七　　车 4 进 4

黑方进车保马,正着。如改走炮 3 进 3,则车四退一,红方兵种齐全且子力占位好,易走。

28. 炮七进三　　车 4 平 3　　29. 马七进五　　马 6 进 8

黑方马 6 进 8,错失良机。应改走马 6 进 7,红如接走车四退三,则马 7 进 8,帅四进一,炮 5 退 1,车四平二,将 5 平 4,车二退二,炮 5 平 2,车二进四,炮 2 退 1,黑方可以先弃后取找回一子成和。

30. 帅四进一　　车 3 平 4　　31. 马五退三　　车 4 进 2

32. 车四平九　　马 8 进 7　　33. 马三进二

红方大占优势。

第 14 局　　红平车七路对黑肋车提炮(一)

1. 炮二平五　　炮 8 平 5　　2. 马二进三　　马 8 进 7

3. 车一平二　　卒 7 进 1　　4. 马八进七　　马 2 进 3

5. 兵七进一　　炮 2 进 4　　6. 马七进八　　车 9 进 1

7. 车九进一　　车 9 平 4　　8. 车九平七　……………

红方抢先平七路车,伏车七进二或兵七进一的争先手段。

8. ……………　　车 4 进 6

黑方肋车提炮,对攻之着。

9. 炮八平九(图 14)　……………

如图 14 形势,黑方有四种走法:(一)车 1 平 2;(二)炮 2 进 3;(三)车 4 退 5;(四)炮 2 平 7。分述如下:

第一种走法:车 1 平 2

9. ……………　　车 1 平 2

黑方出车捉马,比较少见。

　　10. 仕四进五　　车 4 平 2

　　11. 马八进七　　炮 2 平 7

　　12. 马七进五　　象 7 进 5

　　13. 兵七进一　　…………

　　红方先用马换炮后,再渡兵准备欺马,是比较简明的走法。

　　13. …………　　卒 7 进 1

　　14. 兵七进一　　马 3 退 1

　　15. 相三进一　　后车进 5

　　16. 兵七平六　　士 4 进 5

　　17. 兵六平五　　象 5 进 7

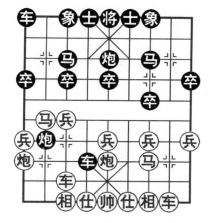

图 14

黑方如改走马 7 进 6,则车二进五捉马,再兵五进一破象,也是红占优势。

　　18. 兵九进一　　炮 7 平 6　　19. 相一进三　　…………

红方舍相飞卒,消除隐患,简明有力的走法。

　　19. …………　　后车平 7　　20. 车二平四　　炮 6 退 4

　　21. 车四进二　　炮 6 平 3　　22. 兵五平四　　车 2 进 2

　　23. 仕五进六　　…………

红方扬仕解杀,巧着。

　　23. …………　　马 7 进 8

黑方如改走炮 3 进 7,则仕六进五,黑炮被困,没有后续手段。

　　24. 兵四进一　　将 5 平 4　　25. 兵四进一　　炮 3 进 7

　　26. 仕六进五　　马 8 进 9　　27. 炮五进六　　…………

红方弃炮轰士,毁去黑方九宫屏障,已算准己方可在对攻中捷足先登,是凶狠有力的一击。

　　27. …………　　马 9 进 8

黑方如改走马 9 进 7,则车四平三,车 7 进 2,炮九平三,士 6 进 5,兵四平五,红亦胜势。

　　28. 车四进二　　车 7 平 6　　29. 马三进四

红方胜势。

第二种走法:炮 2 进 3

　　9. …………　　炮 2 进 3

黑方沉底炮,对攻之着。

10. 仕四进五　车4平2　　11. 马八退七　车2退1

黑方退车兵线,新的尝试。亦可改走车2退3,黑方比较易走。

12. 车二进六　马7进6　　13. 车七平六　士4进5

14. 车二平三　炮2平1　　15. 车三退一　车2平3

16. 马七退九　炮1退2　　17. 相七进九　马6进5

18. 马三进五　炮5进4　　19. 车三进四　象3进5

20. 车三退五　车1平2　　21. 马九退七　车2进4

22. 车六进三　车2平8　　23. 车三平二　车8进1

24. 车六平二　炮5退2　　25. 车二平五　车3平7

26. 炮五进三　卒5进1　　27. 车五进一　车7进3

28. 仕五退四　马3退4

双方均势。

第三种走法:车4退5

9. ………………　车4退5

黑方退车,预做防范,防止红方强渡七兵。

10. 仕四进五　………………

红方补仕固防,是改进后的走法。如改走车七进二,则炮2进3,马八退七,炮2平1,车二进一,车1平2,车二平九,炮1退2,相七进九,车2进4,车九平四,车4进2,车四进五,马7进8,黑方易走。

10. ………………　炮2平7

黑方如改走炮2进3,则车七平八,炮2平1,马八进七,车4进1,炮九平七,车1平2,车八进八,马3退2,车二进四,炮5平3,炮五平六,车4进3,相三进五,马2进1,兵三进一,马1进3,炮七进四,象3进5,兵三进一,象5进7,车二进二,红方易走。

11. 马八进七　炮5退1　　12. 兵七进一　车1平2

13. 兵五进一　车2进6

双方各有顾忌。

第四种走法:炮2平7

9. ………………　炮2平7

黑方平炮打兵,新的尝试。

10. 兵七进一　车1平2　　11. 仕四进五　车4退2

12. 马八进七　…………

红方进马踩卒,正着。如改走马八进六,则马3退1,马六进五,象3进5,兵七进一,车2进5,黑不难走。

12. …………　炮5退1　　13. 兵七平八　车4退1

14. 兵八平七　车4进2

黑方应改走车4进1,静观其变为宜。

15. 车二进三　…………

红方进车捉炮,构思巧妙!是迅速扩大先手的有力之着。黑如接走炮7进3(如马7进6,则车七进三),则马三进四,红方大占先手。

15. …………　卒7进1　　16. 车七进三　车4平3

黑方平车邀兑,力求一搏。如改走炮7进3,则马三退一,炮7平9,车七平三,也是红占优势。

17. 车七平三　炮7进3　　18. 马三进四　炮7平4

19. 仕五退六　车3进3　　20. 车三进三　车2进9

黑方如改走车2进7,则炮五平三,红方大占优势。

21. 车三平六

红方多子占优。

第15局　　红平车七路对黑肋车捉炮(二)

1. 炮二平五　炮8平5　　2. 马二进三　马8进7

3. 车一平二　卒7进1　　4. 马八进七　马2进3

5. 兵七进一　炮2进4　　6. 马七进八　车9进1

7. 车九进一　车9平4　　8. 车九平七　车4进6

9. 炮八退一(图15)　…………

如图15形势,黑方有五种走法:(一)马3退5;(二)炮2进1;(三)炮2平7;(四)车4退5;(五)象3进1。分述如下:

第一种走法:马3退5

9. …………　马3退5

黑方马退窝心,暂避红七路车之锋芒,以退为进之着。

10. 仕四进五　车4退3　　11. 车七进二　炮2进1

12. 车七退一　炮2平5　　13. 相三进五　炮5平4

黑方卸中炮既可调整阵势,又可防止红方车七平六兑肋车。

14. 车二进四　马7进6

15. 炮八进一　…………

红方高炮预补，防止黑方进车捉炮骚扰，正着。

15. …………　马5进7

16. 兵三进一　卒7进1

17. 车二平三　炮4退1

黑方退炮虽然不能对红方构成威胁，但如改走象3进5，则马三进四，车4进4，车七平六，仍是红方易走。

18. 马三进四　车4退2

19. 车三进二　象3进1

黑方飞边象，准备续走车1平3解除3路线的压力。

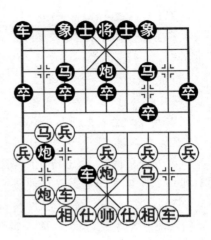

图15

20. 车七进一　车1平3　　21. 马四进二　卒3进1

22. 兵七进一　车3进4　　23. 车七进二　象1进3

24. 马八进九　象3退1　　25. 炮八进七　士4进5

26. 炮八退五

红方多兵易走。

第二种走法：炮2进1

9. …………　炮2进1

黑方进炮邀兑，迅速兑子，以达成局势的平衡。

10. 仕四进五　车4退3　　11. 车七进一　炮2平5

12. 相三进五　马7进6　　13. 车二平四　…………

红方平车瞄马，含蓄。如改走马八进七，则车1平2，兵七进一，车4进4，红无便宜可占。

13. …………　马6进5

黑方进马踩中兵，正着。切忌炮5平6，否则兵七进一，黑要丢子。

14. 马三进五　炮5进4　　15. 车四进三　炮5退2

16. 车七进一　象3进5　　17. 车四平六　…………

红方平车邀兑，稳扎稳打。如改走马八进七，则车1平2，炮八平七，车2进8，红无续攻手段。

— 30 —

17. ·········· 车4进2　　18. 车七平六　士4进5

19. 马八进七　炮5平6

黑方平炮准备退士角巩固阵形,稳健的走法。

20. 车六平四　炮6退2　　21. 兵一进一　车1平4

22. 炮八平七　车4进3　　23. 车四平五

红方稍占先手。

第三种走法:炮2平7

9. ·········· 炮2平7

黑方平炮射兵,实施预定方案。

10. 兵七进一　··········

红方如改走仕四进五,则车4平2,马八进七。以下黑方有两种走法:①炮5退1,兵五进一,炮5平3,兵七进一,象3进5,兵五进一,卒5进1,马七退五,马3进5,马五退七,车2退2,车二进四,炮7退1,马三进五,炮7进3,黑方得子胜势。②卒7进1,兵七进一,炮7平1,炮八平九,车1平2,马七进五,象3进5,兵七进一,马3退5,炮九进五,炮1进3,车二进七,卒7进1,车七进三,前车进2,帅五平四,炮1平3,车七退四,前车平7,炮九平五,车2进4,车二平三,车2平6,帅四平五,卒7进1,车三退五,车3退6,兵五进一,红方弃子占势。

10. ·········· 马3退5

黑方如改走卒3进1,则车七进四,车4平2,炮八平二(如车七进二,则车2退2,炮八平七,卒7进1,黑方占先),车2退2,车七平三,炮7平1,车三进二,炮1进3,车三进二,车2进4,车三退二,红方优势。

11. 仕四进五　··········

红方补仕,正确的选择。如改走兵七进一,则车4退2,马八退九,车1平2,炮八进五,炮5平3,兵七进一,车2进3,红无便宜可占。

11. ·········· 车4退2

黑方如改走车4平2,则马八进六,卒3进1,马六进四,炮5平6,马四退五,卒7进1,马五进七,红方优势。

12. 马八进七　炮5平3　　13. 炮八进五　象3进5

黑方如改走马5进6,则兵七平八,也是红方优势。

14. 炮八平五　车4退2　　15. 车二进六　车4平3

16. 兵七进一　炮3进6　　17. 前炮退一

至此,形成黑方多子,红方占势的两分局面。

第四种走法：车4退5

9.········· 车4退5

黑方退车士角，预做防范，走法含蓄深沉。

10.车二进四 ·········

红方另有两种走法：①车七进二，炮2进1，车七退一，炮2平5，相七进五，马7进6，仕四进五，车4进4，马八进七，车1平2，马七进五，象3进5，炮八平七，马3进4，双方大体均势。②马八进七，炮5退1，兵七进一，炮2进1，车七进一，炮2平5，炮八进六，马3退2，炮八平三，车4平7，相七进五，马2进3，车七平六，车1平2，车六进六，车2进8，兵七平六，车2平6，兵六进一，车6退1，车二进二，炮5进5，仕六进五，士6进5，双方对峙。

10.········· 车1进1   11.兵七进一 卒3进1

12.车七进四 车1平6   13.炮五平七 ·········

红方卸炮调整阵形，并对黑方3路线施加压力，正着。

13.········· 象3进1   14.车七退二 炮2进1

15.相七进五 马3进2   16.仕六进五 车4进6

17.炮七退一 车4退3   18.车二平六 马2进4

19.马八进六 车6进3

黑方应改走车6平4为宜。

20.马六进八 士6进5   21.车七进一 马4进5

22.相三进五 炮2平7   23.马八进七 将5平6

24.炮八进八 象1退3   25.马七退八 将6进1

26.炮八退一 将6进1   27.炮七进八 炮5进4

28.帅五平六

红方大占优势。

第五种走法：象3进1

9.········· 象3进1

黑方飞边象，防止红方强兑七兵。

10.仕四进五 车4退3   11.马八进七 ·········

红方如改走车七进二，则炮2进1，车七退一，炮2平5，相三进五，士4进5，马八进七，车1平2，马七进五，象7进5，炮八平九，马7进6，兵三进一，卒7进1，相五进三，车4进4，炮九进一，马6进4，车七平四，车2进9，对攻中黑不难走。

11. ·········　　炮2平7　　12. 炮八进五　　炮5退1

黑方退炮,准备平3路牵制红方车马。

13. 兵七进一　　车4进2　　14. 兵七平八　　炮5平3

15. 兵五进一　　士4进5　　16. 兵五进一　　车1平3

17. 马七退八　　·········

红方退马,交换。如改走兵五进一,则将5平4,对攻中黑不难走。

17. ·········　　炮3进7　　18. 马八退六　　马3进2

19. 车二进四

红方略占优势。

第16局　　红平车七路对黑肋车捉炮(三)

1. 炮二平五　　炮8平5　　2. 马二进三　　马8进7

3. 车一平二　　卒7进1　　4. 马八进七　　马2进3

5. 兵七进一　　炮2进4　　6. 马七进八　　车9进1

7. 车九进一　　车9平4　　8. 车九平七　　车4进6

9. 炮八退二(图16)　·········

如图16形势,黑方有两种走法:(一)象3进1;(二)马3退5。分述如下:

第一种走法:象3进1

9. ·········　　象3进1

黑方如改走炮5平6,则兵五进一,士4进5,车二进六,红方主动。

10. 仕四进五　　车4退4

11. 炮八进二　　炮2平7

12. 相三进一　　士4进5

13. 兵九进一　　车1平4

14. 车二平四　　卒7进1

15. 炮五平六　　炮5平4

16. 炮六进五　　车4进2

17. 相一进三　　后车平6

18. 车四进七　　士5进6

19. 车七进一　　士6退5

20. 车七平四

红方易走。

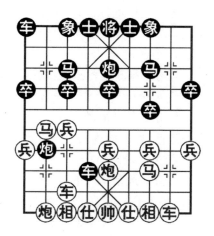

图16

第二种走法:马3退5

9. ⋯⋯⋯⋯ 马3退5

黑方回"窝心马",针锋相对之着。

10. 仕四进五 车4退3

黑方如改走车4平2,则炮八进三,车2退1,马八进七,炮5平3,车二进四,红方易走。

11. 车七进二 ⋯⋯⋯⋯

红方如改走兵七进一,则车4平3,车七进四,卒3进1,马八进六,炮5平3,相七进九,车1进2,兵五进一,炮2退2,马六退四,炮2平1,马四进五,马7进5,炮五进四,马5进7,炮五退一,车1平2,黑方优势。

11. ⋯⋯⋯⋯ 炮2进1   12. 车七退一 炮2平5

13. 相三进五 马7进6

黑方如改走炮5平4,则车二进四,马7进6,兵三进一,红方易走。

14. 车二进四 马5进7

双方互缠。

第17局　黑平炮打兵对红左横车(一)

1. 炮二平五 炮8平5   2. 马二进三 马8进7

3. 车一平二 卒7进1   4. 马八进七 马2进3

5. 兵七进一 炮2进4   6. 马七进八 炮2平7

黑方直接炮打三兵,下伏车9平8兑车谋相的手段,是战术性很强的一种走法。

7. 车九进一 ⋯⋯⋯⋯

红方起横车准备抢占要道,稳健的走法。

7. ⋯⋯⋯⋯ 车9平8

黑方兑车谋相,争取对攻的走法。如改走车9进1,则相三进一,车9平4,车二进四,红方仍持先手。

8. 车二进九 ⋯⋯⋯⋯

红方如改走车九平四,则士4进5(如车8进9,则马三退二,车1进1,仕四进五,车1平4,马二进一,卒7进1,马八进七,车4进3,炮八进七,炮5平4,车四进二,车4平7,兵五进一,士4进5,车四平六,象7进5,兵五进一,卒5进1,马一进三,卒7进1,马七进五,象3进5,炮五进五,将5平4,兵七进一,卒5进

1, 兵七进一, 马 3 退 1, 炮七平六, 马 7 进 5, 车六进四, 红胜), 仕四进五, 炮 5 平 6, 车四进二, 车 8 进 9, 马三退二, 炮 7 退 1, 马八进七, 车 1 平 2, 炮八平七, 车 2 进 4, 黑方满意。

8.………… 炮 7 进 3　　9. 仕四进五　马 7 退 8

10. 车九平六　…………

至此, 形成红方大子出动较快、黑方多卒多象, 双方各有顾忌的局面。

10.…………　炮 5 平 9

黑方平边炮稳固阵形, 战略正确。

11. 车六进三　…………

以往红方曾走车六进七, 士 4 进 5, 马三进四, 马 8 进 7, 马四进六, 车 1 进 1, 车六平九, 马 3 退 1, 马八进七, 象 3 进 5(应炮 9 退 1 为宜), 马七进九, 炮 9 退 1, 炮八进六, 黑方失子, 红方大占优势。

11.…………　马 8 进 7(图 17)

正着。如改走车 1 进 1, 则车六平二, 马 8 进 7, 车二退四, 炮 7 退 1, 车二进七, 车 1 平 7, 马三进四, 炮 7 退 3, 马八进七, 红方优势。

如图 17 形势, 红方有两种走法: (一)车六平二; (二)炮五平七。分述如下:

第一种走法: 车六平二

12. 车六平二　…………

红方平车威胁黑方左翼, 常见的走法。

12.　　　　　象 3 进 5

黑方如改走车 1 进 1, 则车二退四, 炮 7

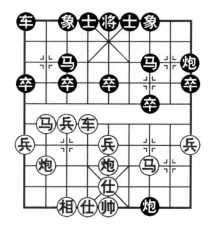

图 17

退 1, 车二进七(如车二平三, 则炮 7 平 8, 马三进四, 象 7 进 5, 马四进六, 车 1 平 8, 马六进七, 炮 8 进 1, 车三进二, 炮 9 进 4, 车三平一, 炮 9 平 7, 炮五平三, 炮 8 退 3, 形成红方多子、黑有攻势的两分局面), 车 1 平 7, 马三进四, 炮 7 退 3, 马八进七, 车 7 平 2, 马四进五, 车 2 进 6, 马五进三, 士 4 进 5, 马三退四, 象 3 进 5, 马四进六, 车 2 退 6, 兵七进一, 红方有攻势占优。

13. 马三进四　…………

红方另有两种走法: ①炮五平七, 卒 7 进 1, 车二退四, 炮 7 退 1, 车二平三, 卒 7 进 1, 马三退一, 炮 7 平 8, 兵七进一, 象 5 进 3, 车三进三, 马 7 进 6, 车三进六, 红方主动。②炮八退一, 马 7 进 6, 车二平四, 马 6 进 7, 车四平二, 马 7 进 6,

车二平四,马6退7,车四平二,马7进6,车二平四,马6退7,车四平二,马7进6,双方不变作和。

13.　⋯⋯⋯⋯　炮7退4　　14.车二进三　⋯⋯⋯⋯

红方如改走炮五平三,则马7进6,相七进五,炮9平6,马四进六,炮7平2,马六退八,士4进5,马八进七,车1平2,马七退六,马6进5,兵七进一,车2进5,车二平五,马5进7,炮八平三,卒5进1,车五平二,卒1进1,黑方多卒多象占优。

14.　⋯⋯⋯⋯　马7进6

黑方如改走士4进5,则马四进六,炮9进4,马六进七,炮9平6,马七退九,炮6退4,车二退一,炮6进3,炮八平九,车1平4,马八进七,红方多子占优。

15.炮五平四　马6进4　　16.马四进六　车1平3

黑方应改走炮9进4,红如接走炮四进六,则炮9进3,帅五平四,马4退6,车二平四,马6进7,车四平五,士4进5,车五平二,车1平4,黑方优势。

17.炮四进六　士4进5　　18.车二平五　马4退6
19.车五平二　卒5进1　　20.炮四平一　卒3进1
21.马八进七　马3进5　　22.马七进八　马6退7
23.炮八平五　车3平2　　24.炮五进三　炮9进4

25.马六进七

红方胜势。

第二种走法:炮五平七

12.炮五平七　⋯⋯⋯⋯

红方平炮,另辟蹊径。

12.　⋯⋯⋯⋯　炮7平9　　13.马三进二　⋯⋯⋯⋯

红方跃马,是急攻型的走法。如改走车六平二,红方可以稳持主动。

13.　⋯⋯⋯⋯　车1进1　　14.炮七平三　马7退9

黑方如改走炮9平7,则相七进五,炮7退1,马二退一,黑要失子。

15.车六平四　⋯⋯⋯⋯

红方平车右肋,是取势的要着。

15.　⋯⋯⋯⋯　卒7进1

黑方如改走车1平8,则炮三进七,士6进5,马八进七,车8退1,炮三退三,炮9进4,炮八进六,后炮退1,马二退三,车8进9,车四退四,车8平6,帅五平四,也是红方占优。

16. 车四平三　　象 3 进 5　　17. 马八进七　　车 1 平 2

18. 炮八平四　　炮 9 平 6　　19. 兵七进一　　象 5 进 3

20. 炮三进七　　马 9 退 7　　21. 车三进五　　士 4 进 5

22. 炮四平二

红方优势。

第18局　黑平炮打兵对红左横车(二)

1. 炮二平五　　炮 8 平 5　　2. 马二进三　　马 8 进 7

3. 车一平二　　卒 7 进 1　　4. 马八进七　　马 2 进 3

5. 兵七进一　　炮 2 进 4　　6. 马七进八　　炮 2 平 7

7. 车九进一　　车 9 平 8　　8. 车二进九　　炮 7 进 3

9. 仕四进五　　马 7 退 8　　10. 车九平六　　炮 5 平 9

11. 兵五进一(图18)　　··········

红方冲中兵,是改进后的走法。

如图 18 形势,黑方有两种走法:(一)士 4 进 5;(二)马 8 进 7。分述如下:

第一种走法:士 4 进 5

11. ··········　　士 4 进 5　　12. 兵五进一　　象 3 进 5

13. 马八进七　　车 1 平 2　　14. 炮八平七　　马 8 进 7

15. 车六进二　　卒 5 进 1　　16. 马七退五　　马 3 进 5

17. 炮五进四　　车 2 进 4

黑方如改走马 7 进 5,则车六进三,马 5 退 7,炮七平五,红方有攻势。

18. 炮五平三　　车 2 平 5

19. 炮七平五　　卒 7 进 1

20. 车六平八　　将 5 平 4

21. 马三进五　　车 5 进 2

22. 炮三进三　　象 5 退 7

23. 车八平五

红方大占优势。

第二种走法:马 8 进 7

11. ··········　　马 8 进 7

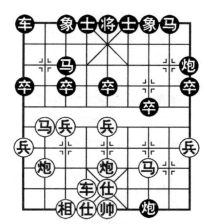

图 18

黑方进马,新的尝试。

12. 兵五进一	士4进5	13. 马三进五	炮9进4
14. 帅五平四	象3进5	15. 马五进六	车1平4
16. 车六进一	车4进3	17. 马六进八	车4进4
18. 仕五进六	卒5进1	19. 前马进七	将5平4
20. 炮五退一	炮9进2	21. 炮五平六	士5进4
22. 仕六退五	炮9平4	23. 炮八平六	士4退5
24. 兵七进一	炮7退4	25. 马八进六	炮7平4
26. 马六进五	后炮平3	27. 兵七平六	炮3平4
28. 兵六平五	后炮平3	29. 马五退六	炮3平4
30. 马六进七	士5进4	31. 后马退九	

红方优势。

第19局　黑平炮打兵对红左横车(三)

1. 炮二平五	炮8平5	2. 马二进三	马8进7
3. 车一平二	卒7进1	4. 马八进七	马2进3
5. 兵七进一	炮2进4	6. 马七进八	炮2平7
7. 车九进一	车9平8	8. 车二进九	炮7进3
9. 仕四进五	马7退8	10. 车九平六	士4进5

黑方补士,防止红方进车捉马。

11. 车六进三(图19)　··········

红车巡河,稳健的走法。如改走马三进四,则炮5平8,炮五平二,象3进5,红方无益。

如图19形势,黑方有两种走法:(一)马8进7;(二)炮5平6。分述如下:

第一种走法:马8进7

11. ··········　马8进7

黑方如改走卒7进1,则马三退一,红方优势。

12. 马三进四　··········

红方如改走车六平二,则炮5平6,车

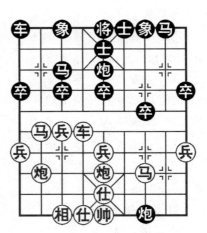

图 19

二退四,炮7退1,车二进一,炮7进1,炮八退一,马7进6,车二退一,炮6平7,车二平三,马6进5,马三进五,炮7进7,马五进六,马3退1,马八进七,象3进5,马七进九,车1平4,马六进八,车4进8,炮五平六,象5退3,马八进六,红胜。

　　12. ………………　马7进6

　　黑方如改走炮5平6,则马四进五(如马四进六,则马7进6,双方互缠),炮6进7,帅五平四,马3进5,车六进二,马5进6,马八进七,双方各有顾忌。

　　13. 车六进一　卒7进1　　14. 车六平四　卒7平6

　　15. 车四退一　炮7平9　　16. 炮八平七　车1进2

　　17. 马八进七　车1平2　　18. 马七退六　………………

　　红方回马,以退为进;既可牵制黑方3路马,又威胁黑方中路,是迅速扩大先手的灵活之着。

　　18. ………………　炮5进4　　19. 帅五平四　象3进5

　　20. 马六进四

　　红方优势。

　　第二种走法:炮5平6

　　11. ………………炮5平6

　　黑方平炮,新的尝试。

　　12. 兵五进一　………………

　　针对黑方卸中炮,红方及时挺进中兵攻击黑方中路,攻击点十分准确。

　　12. ………………　马8进7

　　黑方进马,嫌软,应改走象3进5为宜。

　　13. 兵五进一　卒5进1　　14. 马八进七　炮6平5

　　15. 炮八平七　炮5进5　　16. 相七进五　炮7平9

　　17. 马七退五　马3进5　　18. 马三进四　车1进2

　　19. 炮七进一　………………

　　红方升炮助攻,走得十分老练;是迅速取胜的紧要之着。

　　19. ………………　车1平2　　20. 车六进二　车2进2

　　21. 马四进五　马7进6

　　黑方如改走车2平5,则马五进三,红方多子胜定。

　　22. 兵七进一　………………

　　红方弃兵,巧妙地打破黑方先弃后取的战术计划,多子稳操胜券。黑如接走车2平3,则车六进三,然后再回马吃车,红方多子胜定。

22. ⋯⋯⋯⋯ 车2退2　　23. 车六退三　车2平8

24. 仕五进四

红方多子大占优势。

第20局　红外马封车对黑平炮打兵

1. 炮二平五　炮8平5　　2. 马二进三　马8进7

3. 车一平二　卒7进1　　4. 马八进七　马2进3

5. 兵七进一　炮2进4　　6. 马七进八　炮2平7(图20)

如图20形势,红方有两种走法:
(一)仕四进五;(二)相三进一。分述如下:

第一种走法:仕四进五

7. 仕四进五 ⋯⋯⋯⋯

红方补仕,嫌缓。

7. ⋯⋯⋯⋯ 车9进1

8. 炮八平七　车9平2

黑方如改走车1平2,则马八进七,炮5
退1,马七退六,马3进4,车九平八,红方
优势。

9. 马八进七　炮5退1

10. 马七退六　马3进4

11. 车二进四　车2进3　　12. 相三进一 ⋯⋯⋯⋯

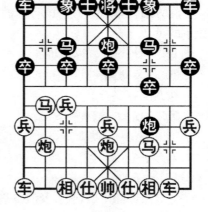

图20

红方如改走炮五平六,则炮7进3,相七进五(如车二退四,则炮5平4,马六
退五,炮7平4,黑方优势),炮7平9,车二进三,炮5平4,车二平三,炮4进4,
车三退二,象3进5,车三平四(如车三平六,则炮4平8,黑方优势),车1进1,
帅五平四,车1平8,对攻中黑不难走。

12. ⋯⋯⋯⋯ 象3进5　　13. 炮五平六　车1平2

14. 炮六进三 ⋯⋯⋯⋯

红方如改走兵九进一,则炮5平7,相七进五,士4进5,也是黑方略为易走。

14. ⋯⋯⋯⋯ 前车平4　　15. 炮七平六 ⋯⋯⋯⋯

红方应改走车二平四,黑如炮5平7,再炮七平六,车4平2(如卒7进1,则
相一进三,马7进8,车四平五,车4平2,相三退五,红方多兵易走),相七进五,

要比实战走法好。

　　15. ⋯⋯⋯⋯　车4平2　　16.车二平四　前车进5

黑方沉底兑车,构思巧妙,实出红方所料。

　　17.车九平八　车2进9　　18.相七进九　⋯⋯⋯⋯

红方飞相,避捉。如改走车四退一,则车2平3,车四平三,车3退4,马六退五,炮5平2,师五平四,炮2进8,师四进一,车3平8,黑方大占优势。

　　18. ⋯⋯⋯⋯　炮7平1　　19.车四进三　⋯⋯⋯⋯

红方进车捉马,得不偿失。应改走马六退七,车2退3,马七进九(如车四进三,则炮5平3,马七进九,炮3进1,黑方优势),炮5平1,车四进二,马7进8,车四平五,车2平1,相九退七,马8进7。黑虽易走,但红可应付。

　　19. ⋯⋯⋯⋯　车2退2

黑方舍马捉相,准备实施弃子抢先的战术手段进行反击,甚有胆识。

　　20.车四平二　炮5平2

黑方平炮,是退车捉相的后续手段。

　　21.马六进七　⋯⋯⋯⋯

红方如改走相九退七,则炮1进3,相一退三,车2进2,相三进五,炮2进7,马六退七,炮2平4,马七退九,车2退1,也是黑方优势。

　　21. ⋯⋯⋯⋯　炮2进1　　22.车三进一　士4进5

　　23.车三平四　车2平1

黑方优势。

第二种走法:相三进一

　　7.相三进一　⋯⋯⋯⋯

红方飞边相,摆脱黑方7路炮的牵制,也是一种常见的走法。

　　7. ⋯⋯⋯⋯　车9进1　　8.车二进四　车9平4

　　9.车九进一　⋯⋯⋯⋯

红方如改走炮八平七,则车4进1,马八进七,车1平2,车二平四,炮5退1,车四退一,马7进8,炮五进四,象3进5,炮五进二,士4进5,仕六进五,红方多兵占优。

　　9. ⋯⋯⋯⋯　士4进5　　10.仕四进五　炮5平6

黑方卸炮调整阵形,灵活的走法。

　　11.车九平七　象7进5　　12.马八进七　车1平2

　　13.炮八平六　车4进5　　14.兵五进一　⋯⋯⋯⋯

红方如改走兵七进一,则马7进6,也是黑方易走。

14.………… 炮7平1 15.兵五进一 炮1进3

黑方沉炮取势,正确的选择。如改走炮1平3,则兵七进一,象5进3,兵五进一,红方优势。

16.马三进四 车4平5 17.炮五平三 卒7进1

黑方献卒,精巧之着。如改走车2进9,则炮三进五,炮1平3,车七退一,车2平3,马四进六,红方多子占优。

18.相一进三 马7进6

黑方进马巧兑,是献卒的后续手段,也是反夺主动权的有力之着。

19.车二进一 炮6进3 20.车二平四 炮6平5

黑方补架中炮,黑势俱增。

21.帅五平四 炮5进3 22.炮三平五 车5平4

23.帅四进一 炮5退4

黑炮乘势打掉红方中兵,已令红方无隙可乘。

24.马七退五 车4进1 25.马五进七 车4进2

26.帅四平五 车2进6 27.兵七进一 车2平5

黑方平中车,既解除了红方中路的潜在攻势,又暗伏车4平5抽吃的手段,可谓一锤定音!

28.相七进九 车4平7 29.车七进三 炮1平5

黑方胜势。

小结:红方第6回合马七进八外肋马封车谋求多变,战法积极,是自20世纪70年代至今仍长盛不衰的一个重要变例。红方九路横车攻其黑3路线是这一变例的矛盾焦点,红方先补右仕再平七路车或径平七路车,虽一着之差,却"一枝开双花",使其变例各呈异姿,浑然不同。黑方第6回合炮2平7平炮打兵,下伏车9平8兑车谋相的手段,是战术性很强的一种走法。

第三节 红左横车变例

第21局 红左横车对黑平炮压马

1.炮二平五 炮8平5 2.马二进三 马8进7

3.车一平二 卒7进1 4.马八进七 马2进3

5. 兵七进一　炮2进4　　6. 车九进一　…………

红方高横车,也是应对黑方右炮过河的一种走法。

6. …………　炮2平3

黑方平炮压马攻相,正着。如改走炮2平7,则车九平六,车1平2,车六进四,红方优势。

7. 相七进九　车1平2

8. 车九平六(图21)　…………

如图 21 形势,黑方有三种走法:(一)炮3平7;(二)卒5进1;(三)车2进6。分述如下:

第一种走法:炮3平7

8. …………　炮3平7

9. 车六进四　卒5进1

黑方如改走象7进9,则兵七进一,卒3进1,车六平七,车2进2,炮八退二,下步有炮八平七逐马的先手,红方占优。

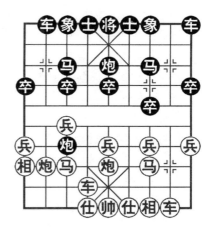

图21

10. 炮八进二　马3进5

黑方如改走士6进5,则车六进一,马3进5,兵七进一,卒5进1,兵五进一,炮5进3,马三进五,炮5进2,相三进五,卒3进1,车二进三,卒7进1,马五进三,马5进7,车六平三,炮7进1,车三进一,炮7平3,车三退二,车2进5,车三平七,炮3平4,马三进二,炮4退6,车七进三,车9进2,车七平六,车9平8,车六退二,红方多子占优。

11. 炮五进三　…………

红方如改走车六进一,则士6进5,仕四进五,卒5进1,炮八平五,卒7进1,炮五进三,象7进5,炮五进四,马7进5,车六平五,车2平7,黑方得回失子,足可一战。

11. …………　炮5进2　　12. 车六平五　象7进5

13. 相三进五　士6进5　　14. 兵九进一　车9平6

15. 车二进三　炮7平6　　16. 仕四进五

红方易走。

第二种走法:卒5进1

8. …………　卒5进1

黑方针对红方左翼子力拥塞的弱点,挺中卒助攻,是比较新颖的走法。

9.车六进二　车2进6　　10.仕六进五　马7进5

11.帅五平六　…………

红方出帅,正着。如改走炮八退二,则卒3进1,车二进四,卒5进1,炮五进二,卒3进1,炮八平七,炮5进3,车二平五,象7进5,车五平二,士6进5,相三进五,车9平6,兵五进一,马5进6,黑方易走。

11.…………　士6进5　　12.车二进四　卒3进1

13.兵七进一　马5进3　　14.车二平七　后马进5

15.车六平七　车2平3　　16.车七退一　炮5平3

17.相九进七

红方得子占优。

第三种走法:车2进6

8.…………　车2进6

黑方右车过河,常见的走法。

9.车六进六　…………

红方进车捉马,贯彻预定计划。

9.…………　士6进5

黑方补士意在"先弃后取",构思精巧。如改走马3退1,则车六进一,马1进3,仕四进五,炮3平7,炮八退二,车2平3,车六退六,卒7进1,相三进一,红方先手。

10.车六平七　炮5平6　　11.车七进二　…………

红方进车吃象,正着。另有三种走法:①仕四进五,象7进5,车七进一,炮6退1,车七退一,车2退5,车七平九,马7进6,车二进四,车2进6,炮五平八,象3进1,黑方优势。②炮五平四,象7进5,车七进一,炮6退1,车七退一,车2退5,炮八进五,炮6进1,炮八平五,象3进5,车七平五,马7进6,红方将要失子。③马三退五,象7进5,车七进一,炮6退1,车七退一,车2退5,炮八进五,炮6进1,炮八平五,象3进5,车七平五,马7进6,车五退一,马6进4,车五平二,车9平6,后车进四,马4进5,相三进五,炮6进5,车二退二,车2进6,相五退七,车2进1,前车进三,炮6平1,前车平四,士5退6,马七退九,炮1平2,马九进八,炮3平1,车二平六,炮1进1,车六进一,炮1进2,车六退一,炮1退2,车六进一,炮2平9,马八退六,炮9进2,马五退三,车2平7,相七进九,车7进1,黑方优势。

11. ··········· 象7进5　12. 车七退一　炮6进5

13. 车七退一　···········

红方如改走车七平六,则炮6平3,车二进七,后炮平7,马三退五,炮3退1,马五退七,炮3平1,兵五进一,车9平8,车二进二,马7退8,仕六进五,炮7平5,帅五平六,车2退4,车六退五,车2平4,炮八进七,象5退3,马七进八,马8进7,黑方多卒易走。

13. ··········· 炮6平3

黑方应改走马7进6为宜。

14. 车七平五　前炮平1　　15. 炮五平九　马7进6
16. 车五退一　车2进1　　17. 炮九进四　马6进4
18. 车五平六　马4进6　　19. 车二进一　炮3进3
20. 仕六进五　车9平6　　21. 相三进五　炮3退2
22. 相五退七　车2退4　　23. 炮九退二　车2进2
24. 帅五平六　炮3平2　　25. 车二进六　炮2进2
26. 相七进五　车2退5　　27. 兵七进一

红方胜势。

小结:红方第6回合车九进一高横车,也是应对黑方右炮过河的一种走法。本变例双方变化复杂,对攻激烈,优劣难断。黑方第8回合车2进6右车过河,是应对红方高横车采用的战术手段,黑方可与红方抗衡。

第二章 顺炮直车正马进七兵对高右横车

顺炮直车对缓开车,黑方第5回合车1进1高右横车,迅速开动右翼主力,曾盛行于20世纪70年代中期。它与炮2进4各具特色,都可能形成复杂的对攻局面,均为缓开车方主要变例。本章列举了11局典型局例,分别介绍这一布局中双方的攻防变化。

第一节　红高左炮变例

第22局　红高左炮对黑平车右肋(一)

1.炮二平五　炮8平5　　2.马二进三　马8进7

3.车一平二　卒7进1　　4.马八进七　马2进3

5.兵七进一　车1进1

黑方高横车,迅速开动右翼主力。

6.炮八进一　…………

红方高左炮准备平七助攻,是比较含蓄的走法。如改走炮八平九,则炮2进4,车九平八,炮2平3,车二进四,车9进1,兵三进一,卒7进1,车二平三,马7进6,车三平四,马6退8,下伏车1平2硬兑车的强手,红方布局不够理想。

6.…………　车1平4

黑方平车右肋,控制红马出路,是比较稳健的走法。

7.炮八平七　象3进1

黑方飞象,固防。

8.车九平八　车9进1

黑方高左横车,开动左翼主力。另有两种走法:①车4进5,炮七进三,马7进6,车八进五,马6进7,车八平三,马7进5,相三进五,红方先手。②车4进4,炮五平四,车9进1,仕四进五,车9平6,车二进六,车4进1,炮七进三,炮2进4,车二平三,车6进1,兵七进一,炮2平5,炮四平五,前炮退1,炮五进一,象1进3,相三进五,象3退1,车八进四,车4平3,车八平七,车3退1,相五进七,后炮退1,双方大体均势。

9.车二进四 ············

红方高车巡河,稳健的走法。如改走车二进六,则车 4 进 4,车八进四,卒 3 进 1,炮七进二,车 4 退 2,车二平三,马 7 退 5,炮七平五,车 4 进 3,炮五进二,炮 2 平 5,兵七进一,车 4 平 3,兵七进一,车 3 进 1,兵七进一,马 5 进 3,黑可抗衡。

9. ············　**车 9 平 6**　　**10.仕六进五　车 6 进 7**

黑方进车,骚扰红方。如改走车 4 进 5,则炮七进三,车 6 进 5,则相对稳健。

11.炮五平六　车 4 进 5

12.炮七进三　炮 2 进 4

13.兵七进一(图 22) ············

红方渡兵,为左马开通道路。

如图 22 形势,黑方有两种走法:
(一)马 7 进 6;(二)象 1 进 3。分述如下:

第一种走法:马 7 进 6

13. ············　**马 7 进 6**

黑方跃马,助攻。

14.马七进八　车 4 退 1

黑方如改走炮 2 平 5,则炮六平五,车 4 退 1,车二平六,马 6 进 4,马三进五,炮 5 进 4,马八退七,马 4 进 3,炮七退四,马 3 退 5,车八进三,红方优势。

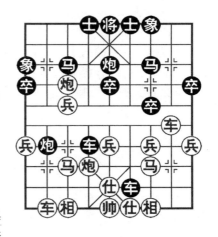

图 22

15.车二平六　马 6 进 4　　**16.马八退六** ············

红方退马捉马,逼黑方炮打中兵换马,为底车打开通路,是简明有力的走法。如改走马八进六,则马 3 退 5,红方无有效的后续手段。

16. ············　**炮 2 平 5**　　**17.马三进五　炮 5 进 4**

18.相七进五　马 4 退 3　　**19.兵七进一　马 3 退 5**

20.车八进九 ············

沉底车催杀,红方发起攻击。

20. ············　**象 1 退 3**

黑方如改走马 5 退 3,则兵七进一,车 6 退 7,车八退三,黑难应付。

21.兵七平六　车 6 退 4

黑方退车巡河防守,否则红马进七,黑难抵挡。

22.兵六进一　马 5 进 7　　**23.兵六进一　士 6 进 5**

24. 车八平七

红方优势。

第二种走法:象1进3

13. ⋯⋯⋯⋯⋯ 象1进3

黑方飞象消除隐患,正着。

14. 马七进八 ⋯⋯⋯⋯⋯

红方进马,是弃兵的后续手段。如改走车二平七,则马7进6,黑方有攻势。

14. ⋯⋯⋯⋯⋯ 炮2平5 15. 炮六平五 车4退3

黑方退车,稳健的走法。如改走车4进2,则马三进五,炮5进4(如马7进6,则马八进六,红方优势),车二平五,马7进6,马八退七,红方优势。

16. 马三进五 炮5进4 17. 车二进三 马3退5

18. 车八进三

红方主动。

第23局　红高左炮对黑平车右肋(二)

1. 炮二平五 炮8平5 2. 马二进三 马8进7

3. 车一平二 卒7进1 4. 马八进七 马2进3

5. 兵七进一 车1进1 6. 炮八进一 车1平4

7. 炮八平七(图23) ⋯⋯⋯⋯⋯

如图23形势,黑方有两种走法:(一)车4进3;(二)车4进5。分述如下:

第一种走法:车4进3

7. ⋯⋯⋯⋯⋯ 车4进3

黑方右车巡河,稳健的走法。

8. 车九平八 车9进1

9. 车二进四 车9平6

10. 仕六进五 象3进1

11. 兵三进一 车6进3

12. 炮五平四 炮5平6

13. 兵三进一 车6平7

14. 马三进四 车4平2

15. 车八进五 车7平2

16. 炮四平三 马7进6

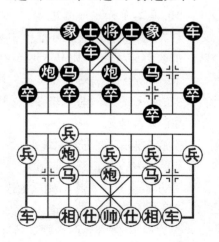

图23

17. 车二平三　马3退5　　18. 炮七进三

红方先手。

第二种走法：车4进5

7. ⋯⋯⋯⋯⋯　车4进5　　8. 炮七进三　象3进1

9. 车九平八　炮2进4

黑方如改走车9进1，则车二进六，马7进6，车八进五，车9平6，车二平三，车4进1，车八进一，炮2退1，仕四进五，车4退3，车三进三，卒9进1，车三退四，炮2平5，兵三进一，车4退1，兵七进一，车6进1，车八退二，马6进5，车八平四，车6进3，马三进四，红方大占优势。

10. 仕六进五　车4退3

黑方如改走马7进6（如车9进1，则车二进四，车9平2，兵七进一，红优），则兵七进一，马6进5，马七进八，车4退1，马三进五，车4平2，马五进六，红优。

11. 车八进三　车4平3　　12. 车二进四　车9平8

13. 车二平六　马7进6　　14. 车六平四　马6退4

15. 相七进九　车8进1　　16. 马七进八　车3平2

无奈。不能车3进2，否则车四平七，马4进3，车八平七，黑方丢子。

17. 兵七进一

红方大占优势。

第24局　　红高左炮对黑飞边象（一）

1. 炮二平五　炮8平5　　2. 马二进三　马8进7

3. 车一平二　卒7进1　　4. 马八进七　马2进3

5. 兵七进一　车1进1　　6. 炮八进一　象3进1

黑方飞边象，预做防范，积极的走法。

7. 炮八平七　⋯⋯⋯⋯⋯

红方如改走车九进一，则车1平4，车二进四，车4进5，炮八退二，车9进1，兵三进一，车9平4，车九进一，前车进2，炮八进三，前车平7，车二退二，卒3进1，兵七进一，卒7进1，兵七进一，马3退5，炮八进二，卒7进1，马三退五，车7平6，黑方优势。

7. ⋯⋯⋯⋯⋯　炮2进4

黑方右炮过河，是黑方飞边象的续进手段。黑方另有两种走法：①车1平

4,兵七进一(如车九平八,则车4进5,炮七进三,炮2进4,黑可对抗),象1进3,车九平八,车4进5,炮七进三,红方优势。②车1平6,车九平八,车9进1,车八进六,车6进6,兵七进一,车6平7,兵七进一,马3退5,车八进一,马7进6,兵七平六,马6退4,车八退一,马4进3,车八平五,马5进7,车五平三,车9平4,车二进四,红方优势。

8. 仕四进五 ⋯⋯⋯⋯⋯

红方补仕,巩固中防。

8. ⋯⋯⋯⋯⋯ 车9进1

黑方如改走车9平8,则车二进九,马7退8,车九进一,车1平4,车九平八,车4平2,马七退九,炮2进1,仕五进六,炮2退2,车八进二,车2退1,马九进七,炮2退4,兵七进一,象1进3,车八进三,炮2平7,车八平七,马3退1,车七退一,红方大占优势。

9. 车九平八 车1平2 10. 车二进六 ⋯⋯⋯⋯⋯

红方进过河车,准备攻马取势。如改走车二进四,则车9平4,车二平四,车4进3,兵三进一,士4进5,炮七进三,车2进2,炮七退一,马7进8,马三进二,车2退1,兵三进一,车4平7,炮七平二,车7平8,车四平三,炮2平3,炮五平二,车8平2,车八平九,马3进4,马二退三,马4进2,黑方优势。

10. ⋯⋯⋯⋯⋯ 马7进6

11. 车二平三 ⋯⋯⋯⋯⋯

红方平车,窥视黑方底象。如改走炮七进三,则卒7进1,车二平四,马6进8,马三退四,卒7进1,黑方有卒过河,易走。

11. ⋯⋯⋯⋯⋯ 马6进4

12. 炮七平六 炮2平3

13. 车三进三(图24) ⋯⋯⋯⋯⋯

进车破象,红方开始展开攻击。

如图24形势,黑方有两种走法:
(一)车2进8;(二)车9平6。分述如下:

第一种走法:车2进8

13. ⋯⋯⋯⋯⋯ 车2进8

14. 马七退八 车9平2

15. 车三退二 ⋯⋯⋯⋯⋯

红方退车捉炮,紧凑有力之着。如改

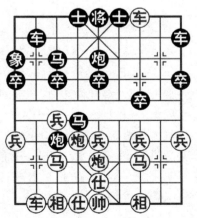

图24

走马八进九,则车2进6,炮六退一,马4进5,相三进五,炮3进2,黑不难走。

15.⋯⋯⋯⋯　马4退6　　16.车三退二　车2进8

17.车三平四　车2平3　　18.车四进一　象1退3

19.炮六进五　将5进1　　20.帅五平四

红方优势。

第二种走法:车9平6

13.⋯⋯⋯⋯　车9平6

黑方车9平6抢控左肋,是改进后的走法。

14.车三退四　马4退6

黑方回马拦车,以退为进,大局感极强的走法。

15.相七进九　车2平4　　16.炮六退一　车4进5

17.车八进三　士4进5　　18.炮六退一　⋯⋯⋯⋯

红方退炮,希望兑子简化局势,虽然计划落空,但此时已无好棋可走。如改走车三退一,则马6进5,马三进五,炮5进4,炮六退一,炮5平9,黑方亦占优势。

18.⋯⋯⋯⋯　车4进2　　19.车八平七　马6进4

20.炮五平四　⋯⋯⋯⋯

红方平肋炮,防黑方马4进6叫杀得车。如改走车三退一,则车6进7,炮五平六,马4进5,车三平二,马5进7,车二退三,车6平5,帅五平四,车5进1,黑方速胜。

20.⋯⋯⋯⋯　卒5进1　　21.车三进二　象1退3

22.车三退三　卒5进1　　23.车三平五　马3进5

24.车五平二　车4平3

黑方平车捉马,擒得一子,为取胜奠定了物质基础。红如接走相三进五,则马4进5,车七平六,车3退1,黑亦得子胜定。

25.兵五进一　车3退1　　26.车七退一　马4进3

黑方多子,大占优势。

第25局　红高左炮对黑飞边象(二)

1.炮二平五　炮8平5　　2.马二进三　马8进7

3.车一平二　卒7进1　　4.马八进七　马2进3

5.兵七进一　车1进1　　6.炮八进六　象3进1

7.炮八平七　炮2进4(图25)

如图 25 形势，红方有三种走法：
(一)兵七进一；(二)车九平八；(三)车二进
四。分述如下：

第一种走法：兵七进一

8.兵七进一　象1进3

9.车二进四　车9进1

10.车九平八　车1平2

黑方平车保炮，先不平肋车的灵活性
显露出来。

11.兵三进一　⋯⋯⋯⋯

红方兑兵，准备活跃右马。但三路线
开放后也给了黑方利用的机会，又如改走
车二平六，以后伏进车攻马的手段。

11.⋯⋯⋯⋯　马7进6

黑方跃马河口，准备弃卒争先。

12.炮七进三　⋯⋯⋯⋯

红方如改走兵三进一，则马 6 进 5,马三进五,炮 2 平 5,仕六进五,车 2 进
8,马七退八,车 9 平 4,黑方易走。

12.⋯⋯⋯⋯　卒7进1

黑方也可改走车 9 平 7,以下红如车二进一,则炮 5 平 7,黑势不俗。

13.车二平三　车2平7

黑方右车左移，正着。不能走车 9 平 7,否则红方车八进三,车 7 进 4,车八
进五,车 7 进 2,车八平七,红方优势。

14.车三平四　⋯⋯⋯⋯

红方如改走车三进四，则车 9 平 7,马三进四,炮 2 平 9,马四进六,炮 9 进
3,黑有攻势。

14.⋯⋯⋯⋯　车7进6　15.车八进三　车7退3

16.马七进六　马6进4　17.车四平六　士6进5

双方大体均势。

第二种走法：车九平八

8.车九平八　车1平2　9.仕六进五　车9进1

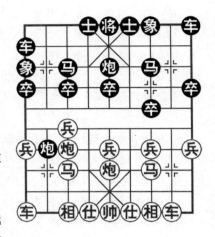

图 25

10.车二进四　车9平4　　11.兵七进一　象1进3

12.兵三进一　卒7进1　　13.车二平三　马7进6

14.车三进五　…………

红方如改走炮七进三,则卒9进1,炮五平六,炮5平7,相七进五,象7进5,车三平四,炮2退2,马三进二,炮7平6,车四平五,卒5进1,车五平六,车4进4,马七进六,马6进8,车八进五,车2平7,车八退一,车7进2,炮六平七,卒5进1,兵五进一,马8进6,马六退八,车7平4,马八退六,马6进7,帅五平六,炮6进4,黑方优势。

14.…………　　车4平7　　15.车三退一　车2平7

16.马三进四　车7进4　　17.马四进六　炮5平7

18.相三进一　炮7平8　　19.炮五平二　车7进2

20.车八进三　车7平8　　21.马六进四　炮8平6

22.炮七进三　象3退5　　23.马七进八　车8平3

24.相七进九　车3退2　　25.车八退一　车3退1

26.车八平六　马6进5　　27.马四退三　马5退7

28.相一进三　卒9进1

双方均势。

第三种走法:车二进四

8.车二进四　车9进1　　9.车九平八　车1平2

10.仕六进五　车9平4　　11.兵三进一　车4进3

黑方高车巡河,灵活的走法。

12.炮七进三　车2进3　　13.兵三进一　…………

嫌软,应改走马三进四,车4退1,炮七退一,象1进3,兵三进一,象3退1,兵三进一,马7退5,兵三平四,形成黑方多子、红有攻势、各有顾忌的局面。

13.…………　　车4平7　　14.马三进四　车7进5

黑方进车吃相,寻求对攻的走法。

15.马七进六　炮5进4　　16.马六退七　炮5退2

17.马四退六　车7退3

黑方退车捉马,准备弃车抢攻。

18.兵七进一　车7平4　　19.兵七平八　炮2平9

黑方弃子有攻势。

第 26 局 红高左炮对黑平车左肋（一）

1. 炮二平五　炮 8 平 5　　2. 马二进三　马 8 进 7

3. 车一平二　卒 7 进 1　　4. 马八进七　马 2 进 3

5. 兵七进一　车 1 进 1　　6. 炮八进一　车 1 平 6

黑方平车占左肋，对红方三路马施加压力。

7. 炮八平七　车 6 进 6（图 26）

黑方伸车捉马，对攻之着。如改走象 3 进 1，则车九平八，车 6 进 6，车八进六，车 6 平 7，兵七进一，卒 3 进 1，炮七进四，象 1 退 3，马七进六，车 7 平 6，仕六进五，车 6 进 1，马六进七，炮 5 平 6，炮七退二，象 3 进 5，炮七退四，车 6 退 4，炮五进四，士 6 进 5，马七进五，车 6 平 3，车八平七，车 3 退 1，马五退七，红方得象，占优。

如图 26 形势，红方有两种走法：（一）兵七进一；（二）车九平八。分述如下：

第一种走法：兵七进一

8. 兵七进一　………

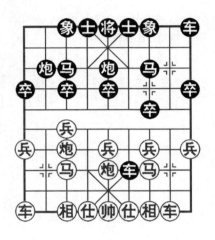

图 26

红方如改走车二进二保马，则车 9 平 8，车二进七，马 7 退 8，马三退二（如马三退一，则车 6 进 1，黑方反先），车 6 平 8，马二进一，车 8 退 2，黑可抗衡。

8. ………　卒 3 进 1

黑方吃兵，正确的选择。如改走车 6 平 7，则兵七进一，马 3 退 5，车九平八，炮 2 平 1，车八进八，红方弃子占势，黑方难应。

9. 炮七进四　车 6 平 7

10. 车九平八　车 9 进 1　　11. 车二进六　………

红方伸车卒林，准备平车压马，击中要害。

11. ………　车 9 平 3　　12. 炮七进二　车 3 退 1

13. 车八进七　马 7 进 6　　14. 车二平四　马 6 退 4

黑方回马踩车，顽强的走法。另有两种走法：①马 6 进 7，炮五进四，士 4 进 5，车四进二，车 7 平 3，车八平五，将 5 平 4，炮五进二，红胜。②马 6 进 5，炮五进四，士 4 进 5，马七进五，车 7 退 1，仕四进五，车 7 平 5，帅五平四，黑方只有以车换炮(如将5平4,则车四进三),红方简明胜势。

15.车八退一　马4进3　　16.仕六进五　士4进5

17.相七进九　马3退5　　18.兵五进一　马5退3

19.车四平五　车7进2　　20.马七进六　车7退2

21.炮五平六　马3退4　　22.炮六进六

红方优势。

第二种走法:车九平八

8.车九平八　·········

红方出车瞄炮弃马,力争主动的走法。

8.·········　车6平7　　9.兵七进一　卒3进1

10.炮七进四　士6进5

黑方如改走车9进1,则车二进六,车9平3,炮七进二,车3退1,车八进七,马7进6,车二平四,马6进7,炮五进四,炮5平3,相七进五,炮3进5,车八平四,红方胜势。

11.车二进六　·········

红方挥车过河,争先之着。

11.·········　卒3进1

黑方如改走炮5平4,则马七进六,象7进5,马六进五,红方优势。

12.车八进三　炮5平4　　13.车二退二　卒3进1

14.车八平七　象7进5　　15.车二平八　车9平6

16.仕六进五　车6进4　　17.车七进三　车7进2

18.炮七进一　炮2进2　　19.马七进六　车6进1

20.车八进一　车6平4　　21.炮五平七　车4平6

22.车八进三

红方大占优势。

第27局　　红高左炮对黑平车左肋(二)

1.炮二平五　炮8平5　　2.马二进三　马8进7

3.车一平二　卒7进1　　4.马八进七　马2进3

5.兵七进一　车1进1　　6.炮八进一　车1平6

7.仕六进五(图27)　·········

红方补仕,防止黑方进车欺马,是改进后的走法。

如图 27 形势，黑方有两种走法：
（一）车 6 进 4；（二）车 6 进 3。分述如下：

第一种走法：车 6 进 4

7. ………… 车 6 进 4

8. 兵五进一 车 9 进 1

9. 兵三进一 …………

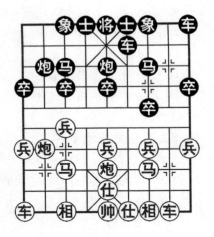

图 27

红方弃兵捉车，抢先之着。如改走马七进五，则车 9 平 4，兵三进一，车 6 退 2，兵三进一，车 4 进 5，炮八退一，象 7 进 9，相七进九，象 9 进 7，车九平六，车 4 进 3，帅五平六，马 7 进 6，车二进三，马 6 进 4，炮八进二，马 4 进 5，相三进五，车 6 进 1，帅六平五，车 6 平 2，炮八进三，炮 5 平 2，马五进三，卒 3 进 1，后马进二，和势。

9. …………	车 6 退 1	10. 马三进五	卒 7 进 1
11. 马五进三	车 6 平 8	12. 车二进五	马 7 进 8
13. 炮八平七	车 9 平 7	14. 马三退四	炮 2 进 4
15. 车九平八	炮 2 平 9	16. 兵七进一	车 7 进 3
17. 兵七平六	炮 5 平 7	18. 炮七进四	炮 7 进 7
19. 马四退三	车 7 进 5	20. 车八进三	炮 9 进 3
21. 车八平二	马 8 进 6	22. 车二退一	

红方多子易走。

第二种走法：车 6 进 3

7. ………… 车 6 进 3

黑方进车巡河，改进之着。

8. 炮八平七 …………

红方如改走车二进四，则车 9 平 8，车二平六，士 6 进 5，炮五平六，卒 5 进 1，炮八平七，卒 5 进 1，车六进二，马 3 进 5，车九平八，卒 5 进 1，车八进七，卒 5 平 4，炮六平五，炮 5 进 5，相七进五，卒 4 平 3，马七进五，车 6 进 2，马五进六，象 3 进 5，相五退七，车 8 进 5，黑方优势。

8. ………… 车 6 平 2 9. 相七进九 炮 5 平 6

黑方卸炮，有嫌软弱。

10. 兵五进一　士4进5　　11. 车二进六　车9平8

12. 车二平三　炮6进6　　13. 马七进五　炮6平7

14. 车九平七　车8进9　　15. 兵五进一　车8平7

16. 炮七退二　…………

红方退炮邀兑,佳着。

16. …………　车2进3　　17. 炮七平三　车7退1

黑方退车吃炮,出于无奈。如改走车2平5吃炮,则车七平八,下伏相九退七捉死车的手段。

18. 马五退七　…………

红方退马打车,取势要着。

18. …………　车2退1　　19. 马三进五　车7退2

20. 马五进六　车7平4　　21. 马六进七　卒5进1

22. 车七平六　车4进3　　23. 后马退六

红方多子占优。

第28局　　红高左炮对黑双横车

1. 炮二平五　炮8平5　　2. 马二进三　马8进7

3. 车一平二　卒7进1　　4. 马八进七　马2进3

5. 兵七进一　车1进1　　6. 炮八进一　车9进1

黑方双横车,着法新颖。

7. 炮八平七　车1平6

黑方如改走车9平6,则车九平八,车6进4,兵五进一,车1平4,仕六进五,车6进1,炮七进三,炮2进4,兵五进一,炮5进2,车二进四,马3退5,兵七进一,炮2平7,相三进一,象7进5,车八进四,象5进3,车二平六,车4进4,车八平六,马5退7,车六进二,士6进5,炮七平八,前马进6,车六平五,马7进6,车五平一,象3退5,黑方占优。

8. 车九平八　…………

红方如改走兵七进一,则车6进3,兵七平六,车9平3,兵六进一,卒3进1,车二进四,车6平4,炮七进四,车3进1,兵六平七,车3平4,车九平八,炮5退1,车八进四,炮5平3,车八平六,前车进1,车二平六,车4进3,马七进六,炮3平5,马六进五,马7进6,马五退七,炮2平7,炮五进六,士6进5,相三进五,红方残局易走。

8.⋯⋯⋯⋯⋯　车6进4(图28)

如图 28 形势,红方有三种走法:
(一)兵五进一;(二)车八进四;(三)相七
进九。分述如下:

第一种走法:兵五进一

9.兵五进一　　车9平4

10.仕六进五⋯⋯⋯⋯⋯

红方另有两种走法:①兵七进一,车
4进5,炮七进三,象3进1,车八进六,车
6退1,兵五进一,车6平5,车二进四,炮
2退2,车二平七,马7进6,仕六进五,马
6进7,马三进五,车5进2,马七进五,炮
5进4,炮七平一,卒5进1,炮一平四,士

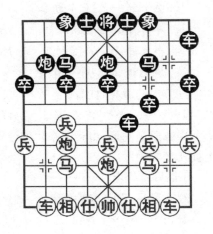

图 28

4进5,兵七平六,马7进8,炮四退五,炮2平4,兵六平五,士5进4,兵五平六,
象7进5,兵六进一,马3进4,黑方有攻势。②车八进六,炮2平1,仕四进五,
马3退1,炮七进三,炮1平3,车八平九,车6进1,车二进六,车6平7,马三进
五,车7进3,仕五退四,车7退3,仕六进五,炮5退1,车二进二,炮3平5,车二
平四,马7进6,炮七平一,前炮平8,炮五平二,车7平9,车四退三,车9退3,车
四平三,炮5进4,车三进二,炮8进4,双方对攻,各有顾忌。

10.⋯⋯⋯⋯⋯	车4进5	11.炮七进三	炮2进4
12.炮七进三	士4进5	13.兵七进一	车6平5
14.兵七进一	马3退2	15.马三进五	车5进1
16.马七进五	炮5进4	17.车二进四	象7进5
18.车二平八	将5平4	19.相七进九	马2进1
20.兵七平六	象5退3	21.后车平六	车4平3
22.车六进五	将4平5	23.帅五平六	马1退3
24.兵六平五			

红方大占优势。

第二种走法:车八进四

| 9.车八进四 | 车9平4 | 10.仕四进五 | 卒3进1 |
| 11.兵三进一 | 车6平7 | 12.相三进一 | ⋯⋯⋯⋯⋯ |

红方飞边相捉车,准备先弃后取争先。

12. ··········	车7进2	13. 兵七进一	炮2平1
14. 炮七进四	车4进1	15. 炮七平五	炮1平5
16. 马七进六	炮5进4	17. 车二进三	炮5退2
18. 马六进五	马7进5	19. 车二进三	车4进1
20. 车二平四	士4进5	21. 帅五平四	将5平4
22. 车八平七	车4进3	23. 兵七平六	象7进5
24. 兵六平五	马5进3	25. 车四退二	

红方优势。

第三种走法:相七进九

9. 相七进九 ··········

红方飞边相保兵,稳健的选择。

9. ··········	车9平4	10. 仕六进五	车4进5
11. 炮七进三	象3进1	12. 车二进六	炮2进4
13. 兵七进一	马3退5	14. 车二平四	车6退2
15. 炮七平四	炮5平2	16. 炮四退三	后炮进7
17. 炮四平六	前炮平1	18. 帅五平六	象1进3
19. 兵五进一	马5进3	20. 兵五进一	士6进5
21. 马三进五	炮2平5	22. 马七进五	炮1退3
23. 炮六进三	卒5进1	24. 兵三进一	马3进5
25. 马五进七	炮1退2	26. 炮五进四	马7进5

双方均势。

小结:红高左炮变例第6回合,红方炮八进一高左炮构思是准备平七威胁黑方最弱的3路马,再顺势亮出直车,是比较含蓄的走法。

第二节 红左炮巡河变例

第29局 红左炮巡河对黑平车右肋(一)

1. 炮二平五	炮8平5	2. 马二进三	马8进7
3. 车一平二	卒7进1	4. 马八进七	马2进3
5. 兵七进一	车1进1	6. 炮八进二	··········

红方左炮巡河,准备兑兵争先。

6. ⋯⋯⋯⋯　车1平4　　7. 兵三进一　⋯⋯⋯⋯

红方兑兵,贯彻预定计划。

7. ⋯⋯⋯⋯　车4进3

黑方如改走车9平8,则车二进九,马7退8,车九进一,车4进3,炮五平四,卒3进1,马三进四,车4平5,兵七进一,车5平3,相三进五,马3进4,马四进六,车3平4,车九平三,炮2平3,炮八退三,象7进9,兵三进一,车4平7,车三进四,象9进7,炮八平九,马8进7,炮九进五,马7进6,炮九平一,炮5进4,马七进五,马6进5,和势。

8. 马三进四　⋯⋯⋯⋯

红方跃马捉车,准备弃兵取势。

8. ⋯⋯⋯⋯　车4进3

黑方进车捉马,对抢先手。如改走车4平6,则炮五平四,车6平5,兵三进一,车5平7,相七进五,红方易走。

9. 车九进二　卒7进1　　10. 仕四进五　车4进1

黑方进车,着法积极。如改走车4退6,则马四进三,卒7进1,马七进六,车4进3,马三退四,车4平7,马六进七,卒7平6,车九平六,士6进5,马四进六,炮5进4,相三进一,象7进5,车六进一,红方优势。

11. 马四进三　卒7进1　　12. 马七进六　⋯⋯⋯⋯

红方跃马河口,力争主动。如改走车二进四,则车9平8,车二平三,炮5退1,车三退一,车8进9,马七进六,炮5平7,黑不难走。

12. ⋯⋯⋯⋯　车9进1　　13. 马六进四　⋯⋯⋯⋯

红方进马捉马,由此展开攻击。如改走车二进四,则炮5退1,车九平六,车4退1,仕五进六,车9平6,仕六退五,车6进2,马三退四,马7进6,马四进六,马6进8,前马进四,双方兑掉大车后,也是红方略占主动。

13. ⋯⋯⋯⋯　车9平4　　14. 兵七进一　⋯⋯⋯⋯

红方献兵,准备左炮右移取势,是迅速扩大先手的有力之着。

14. ⋯⋯⋯⋯　卒3进1

15. 炮八平三(图29)　⋯⋯⋯⋯

如图29形势,黑方有两种走法:(一)前车退4;(二)马7退9。分述如下:

第一种走法:前车退4

15. ⋯⋯⋯⋯　前车退4

黑方退车捉马,希望红方接走炮三进三,则前车平6,炮三平七,炮5进4,

形成黑方少子多卒占先的局面。如改走马3进2,则炮三进三,炮5平3,车九退二,车4平1(如炮2平7,则马四进三,车4平1,前马退五,红方胜定),炮五进四,炮2平7,马三进五,士4进5,马五退七,红方得车大占优势。

16.车九平六 ·············

红方平车邀兑,是弃兵平炮攻马的续进手段,实战中弈来甚是巧妙!一举击破了黑方弃子争先的战术计划。

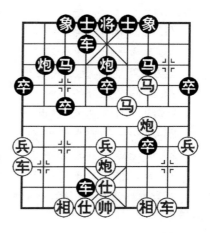

图29

16.············ 前车进3

17.仕五进六 马7退9

18.仕六退五 炮5平7

19.马四进三 炮2平7

黑方如改走马9进7,则炮五平七,车4进1,车二进八,红伏马三进一的手段,黑也难应。

20.炮三平五 士4进5 21.前炮平一 ·············

红方平炮捉马,细腻之着。如改走车二进八捉死马,则车4进3,车二平一,车4平7,黑方弃子抢攻,红方反而麻烦。

21.············ 士5退4 22.车二进七 车4平7

23.炮一进四 卒7平6 24.相三进一 卒6平5

25.炮五平七 象3进5 26.炮一进一

红方得子占优。

第二种走法:马7退9

15.············ 马7退9

黑方退马,暂避锋芒。

16.车九平八 前车退4 17.马四进五 炮2平5

18.马三进五 象7进5 19.车八进五 后车平3

20.炮五平七 车3平7 21.相三进五 马3退5

22.车八进一 ·············

经过一番交换,黑方虽多卒,但双车双马占位较差,且红方双车双炮伏有攻势,明显占据主动。

22. ………… 车7进3　　23. 车八平六　象3进1

24. 炮三平八　马5进7　　25. 炮八进五　士4进5

26. 车六平七　卒3进1

黑方献卒通车,无奈之举。

27. 炮八平九　…………

红可即走车二进八,似更为紧凑有力。

27. ………… 车7平8　　28. 车二平四　车4退2

29. 车七退四　车8平2　　30. 车四进六　象1进3

31. 车四平三　车4平1　　32. 车七平二　…………

红方舍炮将左车右移,攻击黑方双马,攻击点十分准确,实战中弈来煞是灵活机动。

32. ………… 车1退2　　33. 车二进四　车2进2

34. 车三进一　车2平5　　35. 车二平一

红方优势。

第30局　红左炮巡河对黑平车右肋(二)

1. 炮二平五　炮8平5　　2. 马二进三　马8进7

3. 车一平二　卒7进1　　4. 马八进七　马2进3

5. 兵七进一　车1进1　　6. 炮八进二　车1平4

7. 兵三进一　车4进3　　8. 马三进四　车4进3

9. 车九进二　卒7进1

10. 仕四进五　车4进1

11. 马四进三　卒7进1

12. 马七进六　车9进1

13. 马六进四　车9平4(图30)

如图30形势,红方有两种走法:
(一)车二进四;(二)炮八退四。分述如下:

第一种走法:车二进四

14. 车二进四　…………

红方高车巡河,稳健的走法。

14. ………… 前车退4

15. 车二平四　炮5平6

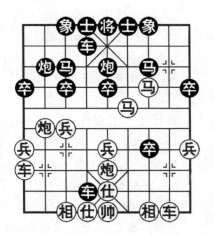

图30

62

黑方平炮打车,弃马争先,构思十分巧妙！是反夺主动的有力之着。如改走炮5进4打兵,则红方有车四平六兑车的强手,黑方显然吃亏。

16.车四平六 …………

红方如改走马四进三吃马,则后车平7捉双,黑方占优。

16.………… 前车进1 　17.马四退六 　象7进5

18.炮五平七 卒3进1 　19.炮七平六 　马3进4

黑方强行进马,大局感极强的走法。如改走车4平8,则兵七进一,象5进3,炮八平七,象3退5,车九平八,红方先手。

20.兵七进一 象5进3 　21.车九平七 　象3进1

22.相三进五 卒7平6 　23.马三退四 …………

红方如改走炮八进一,则炮6平3,车七平九,卒6平5,炮八平六,前卒进1,红方难应。

23.………… 马7进6 　24.炮六进三 …………

红方如改走马四进六,则马6进4,车七进二,马4进5,黑方大占优势。

24.………… 炮6进3

黑方以炮打马,正着。如改走马6进4吃马,则车七平六捉马,红方下伏炮六平五叫将抽车的凶着。

25.马六进四 车4进3 　26.炮八进一 　车4进4

27.炮八进一 车4退4 　28.马四进二 　车4平8

29.仕五退四 炮6退4 　30.车七进二 　卒6平5

31.车七平四 将5进1

黑方上将保炮,构思巧妙。

32.车四进二 前卒进1 　33.相七进五 …………

红方如改走车四平五,则炮2平5,相七进五,将5平4,仕六进五,车8进4,炮八平六,士4进5,车五进一,车4退1,马二退三,车4平2,车五退四,车2进6,仕五退六,车2平4,帅五进一,黑方亦大占优势。

33.………… 车8平5 　34.仕六进五 　车5进3

黑方胜势。

第二种走法:炮八退四

14.炮八退四 …………

红方退炮预做防范,稳健的走法。

14.………… 卒7进1

黑方如改走马7退9,则车九平八,炮2进7,车八退二,红方易走。

15. 马四进三　卒7平6　　16. 后马进五　卒6平5

17. 相三进五　象7进5　　18. 车九平八　炮2进7

19. 车八退二　后车平7　　20. 马三退一 ⋯⋯⋯⋯⋯

红方如改走车二平三,则马3退5,马三退四,车7进8,相五退三,象5进7,车八进六,车4退4,马四退三,象7退5,双方均势。

20. ⋯⋯⋯⋯⋯　车4退2

双方平稳。

第31局　红左炮巡河对黑平车右肋(三)

1. 炮二平五　炮8平5　　2. 马二进三　马8进7

3. 车一平二　卒7进1　　4. 马八进七　马2进3

5. 兵七进一　车1进1　　6. 炮八进二　车1平4

7. 车二进四 ⋯⋯⋯⋯⋯

红方升车巡河,稳健的选择。

7. ⋯⋯⋯⋯⋯　车9平8

黑方出车邀兑,正着。

8. 车二平六(图31) ⋯⋯⋯⋯⋯

如图31形势,黑方有两种走法:(一)车4进4;(二)车8进1。分述如下:

第一种走法:车4进4

8. ⋯⋯⋯⋯⋯　车4进4　　9. 马七进六　车8进8

黑方进车下二路,争取对攻的走法。

10. 仕六进五　车8平7

11. 炮八退二　炮2进4

12. 炮五平七 ⋯⋯⋯⋯⋯

红方卸炮,攻守兼备之着。

12. ⋯⋯⋯⋯⋯　炮5平6

黑方如改走炮2平7,则相七进五,炮5平6(如车7平8,则兵七进一,炮5平6,炮八进一,卒7进1,兵七进一,马3退5,车九平六,炮7平2,马六退八,卒7进1,车六进八,象3进1,马八进六,车8退4,炮七平

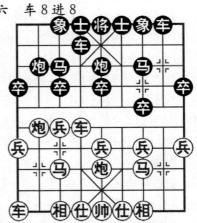

图31

六,红方优势),兵七进一,炮6进6,相三进一,炮7平8,马六退四,炮6退1,相五退三,炮6平2,马四退三,炮2平7,兵七进一,红方优势。

13. 相七进五　　炮6进6　　14. 炮七进一　　炮2退5

15. 马六退四　　车7进1　　16. 车九平六　　炮2平8

17. 车六进四　　炮8进6　　18. 车六平二　　炮8平5

19. 帅五平六　　炮5平3　　20. 车二进三　　炮3退2

21. 炮七退一　　马7进6　　22. 兵五进一

红方子力灵活,易走。

第二种走法:车8进1

8. ……………　　车8进1

黑方霸王车,正着。

9. 仕六进五　　……………

红方补仕,着法含蓄。如改走炮五平六,则马7进6,车六进四,车8平4,马七进六,车4平6,马六进四,车6进3,黑方略优。

9. ……………　　炮2平1

黑方平边炮,是改进后的走法。以往多走马7进6,车六平四,车4进3,兵五进一,红方优势。

10. 车九平八　　炮1平2　　11. 车八平九　　炮2平1

12. 车九平八　　炮1平2　　13. 车八平九　　马7进6

如果循环下去,双方不变作和。黑方进马,求变。

14. 车六平四　　车4进3　　15. 兵五进一　　……………

红方冲中兵,防止黑炮打车(黑如炮5平6,则兵五进一),掌握主动的紧要之着。

15. ……………　　马6退4　　16. 马三进五　　车4进2

17. 相七进九　　卒7进1　　18. 车四平三　　车8进3

19. 车九平六　　车4进3　　20. 帅五平六　　炮2退1

21. 车三进五　　……………

红方乘机掠取一象,扩大了物质优势。

21. ……………　　卒3进1　　22. 兵五进一　　炮5进2

23. 车三退二　　……………

红方退车捉马,简明有力的走法。

23. ……………　　炮5进3　　24. 相三进五　　马4退5

25. 车三平六　　卒3进1　　26. 相九进七　　炮2进1

27. 车六进一　　车8退2　　28. 帅六平五　　车8平4

29. 车六平八　　炮2进2　　30. 马五进四　　炮2平5

31. 马七进五

红方优势。

第 32 局　　红左炮巡河对黑左马盘河

1. 炮二平五　　炮8平5　　2. 马二进三　　马8进7

3. 车一平二　　卒7进1　　4. 马八进七　　马2进3

5. 兵七进一　　车1进1　　6. 炮八进二　　马7进6(图32)

黑方左马盘河,力争主动的走法。

如图 32 形势,红方有三种走法:(一)车二进四;(二)车九进一;(三)兵三进一。分述如下:

第一种走法:车二进四

7. 车二进四　　马6进7

黑方可改走车1平4,则兵三进一,卒7进1,车二平三,车9进1,马三进四,车9平7,车三进四,车4平7,炮五平四,车7进3,相七进五,炮5平6,仕六进五,卒3进1,车九平六,卒3进1,相五进七,士6进5,马四进六,马6退4,马六进八,炮6进1,炮八进三,马4退2,马八退九,马3进2,车六平八,后马进4,车八进三,卒1进1,马九退七,炮6进3,前马进五,车7进5,黑方大占优势。

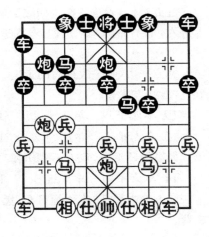

图 32

8. 马七进六　　……………

红方如改走炮五平六,则车9进1,相七进五,车9平8,车二进四,车1平8,马七进六,炮5平7,仕六进五,炮2退1,炮八退一,炮2平7,炮八平三,前炮进4,车九平八,车8进4,马六进四,车8平6,车八进七,马3退5,车八退二,马5进7,马四进六,士6进5,相三进一,象7进5,马六退五,马7进8,炮六进四,车6退3,炮六平九,卒3进1,马五进六,前炮平8,马三退一,车6进6,马一退三,马8进7,黑方优势。

8. ……………　　车9进1　　9. 炮五平七　　车9平8

10. 车二进四　车1平8　　11. 相七进五　炮5平7

12. 仕六进五　象3进5　　13. 炮八退一　马7退8

14. 马六进四　车8平4　　15. 马四进三　马8退7

16. 车九平六　车4进8　　17. 帅五平六　炮2进3

18. 炮七进四　卒9进1　　19. 炮八平六　马7进6

黑方易走。

第二种走法：车九进一

7. 车九进一　车1平4　　8. 兵三进一　马6进7

黑方如改走卒7进1,则炮八平三,车9进1,马三进四,车9平6,炮五平三,象7进9,相三进五,炮2进4,车九平二,马6进4,前炮平六,车6进4,前车进七,车4平8,车二进八,马3退5,车二退二,炮2平3,炮六进三,象9退7,仕六进五,车6平4,炮六平八,车4退1,车二平一,卒3进1,车一退二,卒3进1,车一平七,炮3平9,双方大体均势。

9. 兵三进一　车9进1　　10. 马七进六　马7进5

11. 相三进五　车9平7　　12. 马六退四　车4进5

13. 兵七进一　卒3进1　　14. 车九平七　马3进4

15. 仕四进五　炮5平7　　16. 马三进二　象7进5

17. 车七进一　卒3进1　　18. 车七进二　车4平2

19. 炮八平九　卒1进1　　20. 车七平六　马4进2

21. 马二进四　炮7平6　　22. 后马进二　车7进3

23. 马四进六　炮2平4

黑方大占优势。

第三种走法：兵三进一

7. 兵三进一　……………

红方兑兵,正确的选择。

7. ……………　马6进7

黑方如改走卒7进1,则炮八平三,车1平7,炮三平一,象7进9,马三进四,红方仍持先手。

8. 兵三进一　车1平7　　9. 马七进六　车7进3

10. 炮五平七　车9进2　　11. 相七进五　车9平6

12. 仕六进五　马7退6　　13. 马六进七　炮5进4

14. 马三进四　马6退4　　15. 车九平六　马4进3

16. 马四退三　车6平4　17. 车六进七　炮2平4

18. 马三进五　前马进5　19. 炮七进五　马5退4

20. 炮八平七

红方多子占优。

小结: 红方第 6 回合炮八进二左炮巡河,准备兑兵争先,稳健的选择。红方第 7 回合兵三进一兑兵,较易掌握先手。红方第 7 回合车二进四升车巡河偏于稳健,缺乏活力。黑方第 6 回合马7进6左马盘河,着法积极,实战效果较好。

第三章　顺炮直车正马进七兵对左横车

顺炮直车对缓开车,黑方第5回合高左横车,着法较为少见。本章列举了3局典型局例,分别介绍这一布局中双方的攻防变化。

第一节　红升巡河车变例

第33局　黑右横车对红平边炮

1.炮二平五　炮8平5　　2.马二进三　马8进7

3.车一平二　卒7进1　　4.马八进七　马2进3

5.兵七进一　车9进1

黑方高左横车,是旧式应法。

6.车二进四　…………

红方升巡河车,准备挺三兵兑卒活马。

6.…………　车1进1

黑方高双横车,准备伺机兑车争先。如改走车9平4,则兵三进一,卒7进1,车二平三,红方先手。

7.炮八平九　炮2进4

8.兵三进一　卒7进1

9.车二平三　马7进6

10.车三平四(图33)　…………

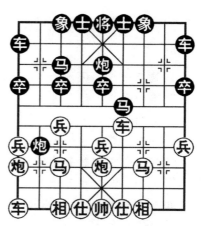

如图33形势,黑方有两种走法:
(一)车9平7;(二)马6退8。分述如下:

第一种走法:车9平7

10.…………　车9平7

黑方平车捉马,少见的走法。

11.炮五退一　…………

红方退炮,稳健。如改走车四进一,则

图33

车7进6,炮五进四,马3进5,炮九平三,马5进4,车四平五,马4进6,车五进
一,马6进7,帅五进一,炮2平9,黑方弃子占优。

11.………… 炮5平7　　　12.相七进五　马6退5

13.车九平八　马5进7　　　14.车四退二　车1平6

15.车四进六　车7平6　　　16.车八进三　炮7进5

17.马七退八　炮7平1　　　18.马八进九　车6进5

经过以上一段交换,红占兵种齐全之利,略为易走。

19.炮五平七　马3退5　　　20.仕六进五　象7进5

21.马九退八　马7进8　　　22.兵一进一　马5进7

23.炮七进五

红方略优。

第二种走法:马6退8

10.………… 马6退8

黑方退马,避捉。

11.炮五退一　车9平7

黑方如改走车1平6,则车九平八,炮2平3,相七进五,红方先手。

12.车九平八　车1平2　　　13.炮五平三　炮5平7

14.炮三进六　车7进1　　　15.车八进一　士4进5

16.马三退五　车7进4　　　17.兵九进一　象3进5

18.相七进五　车2退1　　　19.炮九进一

红方稍好。

第34局　黑右横车对红左炮巡河

1.炮二平五　炮8平5　　　2.马二进三　马8进7

3.车一平二　卒7进1　　　4.马八进七　马2进3

5.兵七进一　车9进1　　　6.车二进四　车1进1

7.炮八进二　…………

红方升巡河炮,稳扎稳打。

7.………… 车9平8　　　8.车二进四　车1平8(图34)

如图34形势,红方有两种走法:(一)马七进六;(二)车九进一。分述如下:

第一种走法:马七进六

9.马七进六　车8进5　　　10.车九进二　士4进5

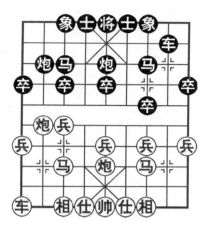

黑方如改走车8平7,则炮五退一,马7进8,车九平六,马8进9,马三进一,车7平9,相七进五,炮5平7,炮八退一,车9退1,炮五平七,象3进5,马六进四,炮7退1,马四进六,士4进5,兵七进一,马3退4,兵七进一,红方优势。

11. 车九平七　炮5平6

12. 炮五平六　象7进5

黑方此时不可车8平7吃兵,否则炮六进一,车7退1,相三进一,黑方丢车。

13. 相七进五　炮6进1

黑方进炮保卒,防止红方马六进七侵扰,舍此也别无好的应着。

图34

14. 车七退一　车8退3　　15. 炮六平七　炮6退1

16. 炮八进二　车8进2　　17. 车七平六　…………

红方平车保马,含蓄有力。

17. …………　卒9进1　　18. 马六进七　车8平6

19. 马七退六　马7进6　　20. 马六进四　车6退1

21. 炮七进五　炮6平3　　22. 车六进五

红方优势。

第二种走法:车九进一

9. 车九进一　…………

红方高横车,含蓄的走法。

9. …………　车8平4　　10. 马七进六　炮2平1

黑方平边炮,意欲寻求变化。

11. 马六进七　…………

红方进马踏卒,简明有力之着。

11. …………　车4进5　　12. 兵三进一　车4平3

黑方如改走卒7进1,则炮八平三,马7进6,车九平四,也是红方优势。

13. 兵三进一　车3退1　　14. 马七进九　象3进1

黑方如改走炮5平1,则炮八退二,也是红方优势。

15. 炮八进四　车3平7　　16. 车九平七　马7退5

17. 炮八平六　马3退2　　18. 炮六退六　车7退1

19. 马三进四　马2进3

黑方如改走炮5进4打中兵,则红可炮五进四反打中卒,对攻中也是红方占先。

20. 炮六进五　马3进4　　21. 马四进五　炮5进4

22. 仕六进五　车7退1　　23. 帅五平六　··········

红方出帅既可使马生根,又可使中炮发挥威力控制局面,可谓连消带打之着。

23. ··········　象7进5　　24. 炮六平八　马5退3

25. 炮八进二　士6进5　　26. 车七进三　炮5进2

27. 马五退六　··········

红方退马避兑,老练之着。如误走仕四进五,则车7平5,红方无便宜可占。

27. ··········　炮5平1　　28. 车七进四　车7退2

黑方退车保士,无奈之着。如改走车7平5,则车七平六,车5进1,马六退四,车5进2,车六退三,红方得子胜势。

29. 车七平六　马4退3　　30. 马六进八　··········

红方进马硬捉黑马,可谓一击中的!

30. ··········　马3进5　　31. 车六退二

红方胜势。

第35局　　黑右横车对红左横车

1. 炮二平五　炮8平5　　2. 马二进三　马8进7

3. 车一平二　卒7进1　　4. 马八进七　马2进3

5. 兵七进一　车9进1　　6. 车二进四　车1进1

7. 车九进一(图35)　··········

如图35形势,黑方有两种走法:(一)车1平4;(二)车9平4。分述如下:

第一种走法:车1平4

7. ··········　车1平4　　8. 兵三进一　车4进3

黑方进车保卒,正着。如改走卒7进1,则车二平三,车4进5,车三进三,炮5进4,马七进五,炮2平7,马五进六,象7进5,马三进四,红方优势。

9. 炮五平四　··········

红方炮五平四,嫌缓。另有两种走法:①马三进四,车4平6,兵三进一,车

6平7,车九平六,卒3进1,车六进五,卒3
进1,车六平七,卒3进1,车七退三(如改走
马七退五,则马3退5,车七退三,马7进6,
黑方满意),马3进2,车七进六,炮5平3,
相七进九,炮2进5,炮五平八,象7进5,车
七平八,车9平4,车八退二,红方优势。
②炮五退一,卒7进1,车二平三,马7进6,
马三进四,红方优势。

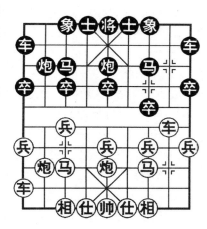

图35

　　9.…………　　车9平6

　　10.兵三进一　　车4平7

　　11.马三进四　　车6平4

　　12.相三进五　　炮5平6

　　13.马七进八　　…………

红方进外马嫌急,应改走车九平四为宜。

　　13.…………　　炮2进5　　14.炮四平八　　炮6进7

　　15.车二退三　　车7平6

黑方平车顶马,稳健的走法。如改走炮6平9,则车九平三,双方对攻。

　　16.马四退三　　车4平6

黑方如改走炮6退2,则马三进二,车6退3,炮八平四,车6进6,车九平四,和势甚浓。

　　17.马三进二　　前车平8　　18.车九平三　　车6进1

　　19.车三平四　　车6进6　　20.车二平四　　车8进1

　　21.车四退一　　象7进5　　22.马八进七　　车8进1

　　23.车四进七　　马7进8　　24.车四平二　　…………

红方平车嫌急,应改走仕六进五,黑如士4进5,则车四平二,马8进6,车二退四,马6进8,红方易走。

　　24.…………　　车8进3　　25.帅五进一　　车8退1

　　26.帅五退一　　马8进9　　27.车二退七　　马9进8

双方大体均势。

第二种走法:车9平4

　　7.…………　　车9平4　　8.兵三进一　　卒7进1

　　9.车二平三　　炮5退1　　10.马七进六　　…………

红方强行跃马河口,不怕黑方进炮拴链。构思十分奇特,不失为机动灵活之着。

10. ………… 炮5平7　　11.车三平四　炮2进3

12.车九平四　…………

红方联车催杀,紧凑有力之着。如改走车四进三捉双,则车4进4,车四平三,象3进5,黑方反而易走。

12. ………… 士4进5　　13.前车进四　车4进4

14.前车平三　车4平7　　15.兵七进一　…………

红方弃兵,假先手。不如改走车三进一吃象或车四进一保马为宜。

15. ………… 炮2退4

黑方退炮打车,随手。应改走卒3进1,红如接走车四进三,则卒3进1(如车7平6,则马三进四,马7进6,车三进一,红方优势),黑方反夺优势。

16.车三进一　象3进5　　17.车三平一　卒3进1

18.车四进一　…………

红方高车保马,下伏退炮攻击黑方7路线的手段,含蓄有力之着。

18. ………… 炮2进2

黑方应改走炮2进3,再卒3进1,较为顽强。

19.炮五退一　车1平4　　20.炮五平三　车7平4

21.仕四进五　马7进8　　22.车四进六　…………

红方进车塞象眼,下伏马三进四催杀的手段,可谓一击中的!

22. ………… 炮2进3　　23.马三进四　象5进7

黑方如改走马8退7,则炮八平二,炮2平9,炮三进七,马7退8,炮三进八,也是红方优势。

24.马四进二　炮2退4　　25.马二进三

红胜。

小结:黑方第5回合高左横车是旧式走法,红可车二进四占据巡河佳位,再兵三进一兑兵活马,黑方显然吃亏。

第四章 顺炮直车正马左横车对平边炮

顺炮直车对缓开车,红方第5回合车九进一高横车,迅速开动左翼主力,也是常见攻法之一。本章列举了两局典型局例,分别介绍这一布局中双方的攻防变化。

第一节 红高横车变例

第36局 黑平边炮对红横车占左肋(一)

1.炮二平五 炮8平5 2.马二进三 马8进7

3.车一平二 卒7进1 4.马八进七 马2进3

5.车九进一 ‥‥‥‥‥‥

红方高横车,迅速开动左翼主力,也是常见攻法之一。

5.‥‥‥‥‥‥ 炮2平1

黑方平边炮,准备迅速亮出右车牵制红方左翼子力,针锋相对的走法。如改走卒3进1,则红方有两种走法:①车九平六,士4进5,车二进六,马7进6,车二平三,象7进9,炮八进四,车9平7,车三平四,马6进7,车六进五,红方优势。②车二进四,车9平8,车九平二(如车二进五,则马7退8,车九平二,马8进7,车二进三,红方先手),车8进5,车二进三,红方易走。

6.车九平六 ‥‥‥‥‥‥

红方横车占肋,着法紧凑。如改走车二进四,则车1平2,兵三进一,卒7进1,车二平三,炮5退1,马三进四,炮5平7,马四进五,马3进5,车三进三,炮7平5,黑呈反先之势。

6.‥‥‥‥‥‥ 车1平2 7.兵七进一 车2进6

黑方进车过河,力争主动的走法。以往多走士6进5,炮八平九,车2进6,炮九退一,马7进6,炮九平七,炮5平6,马七退九,车2平3,炮五平七,马6进5,车六进七,马5进7,后炮进二,马7进8,前炮进三,马3退1,车六平九,象7进5,车九平六,车9平8,相七进五,车8进6,车六退二,卒5进1,车六平五,士5进4,前炮平八,将5平6,车五平一,红方优势。

8. 炮八退一 ··········

红方退炮,准备攻击黑方3路线。

8. ·········· 车9进1

黑方左横车,稳步进取。如改走车2平3,则车六进一,红方以后有炮八平七的攻击手段,将会让黑方穷于应付。

9. 车二进一(图36) ··········

如图36形势,黑方有两种走法:(一)车9平6;(二)马7进6,分述如下:

第一种走法:车9平6

9. ·········· 车9平6

黑方平肋车,被红方乘机巧兑。不如改走马7进6,较为含蓄多变。

10. 车二平四 车6进7

11. 炮八平四 ··········

红方兑车的手段虽然比较迂回,但是相对来说,子力位置较为协调,仍然占据着主动的地位。

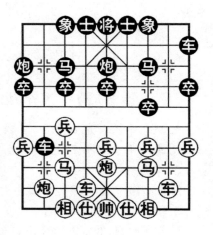

图36

11. ·········· 车2平3

黑方如改走卒3进1,则炮四进六,马3退5,炮四退四,车2退2,车六进四,车2进4,兵七进一,车2平6,炮五平六,车6平3,马七进六,马5进3,车六平三,车3退3,马六进七,车3平6,车三进二,车6进1,车三进二,红方多兵多相,大占优势。

12. 车六进一 士4进5   13. 炮四平七 车3平2

14. 马七进六 车2平3   15. 车六退一 ··········

红方退车灵活,准备平炮打车,给黑方的3路线施加压力。

15. ·········· 炮5平4

黑方炮5平4成为当务之急,否则难以解脱3路线受攻的尴尬境地。

16. 炮五平七 车3平2

黑方平车使得红方有了兵七进一的机会,同时也给红方设下了一个陷阱。

17. 马六退五 ··········

红方马六退五,力争主动的走法。如改走兵七进一,则车2进1,车九平三,马7进6,红方子力被牵制,黑方满意。

17.…………　象3进5　　18.兵七进一　象5进3

19.兵三进一　卒7进1　　20.车六进三　卒7进1

21.马五进三　…………

通过先弃后取的手段,红方吃回黑卒,子力渐渐活跃起来。但黑方的阵势也比较厚实,而且多卒,实力毫不逊色。

21.…………　炮1进4　　22.后炮平三　象7进5

23.相三进五　炮1平5

黑方如改走车2进1,则炮七退一,卒1进1,车六退一,卒1进1,前马进五,卒5进1,马五进七,车2退3,马七进五(如炮七平六,则炮4进6,炮三进六,红方少兵但多相,可以抗衡),马7进5,车六进三,车2平3,炮七进三,马5进7,炮七平二,红方有攻势。

24.后马进五　车2平5　　25.炮三进六　炮4平7

26.马三进四　车5平3　　27.马四退三　车3进1

28.车六进二

双方均势。

第二种走法:马7进6

9.…………　马7进6

黑方跃马河口,正着。

10.车六进四　…………

红方另有两种走法:①炮八平七,马6进7,兵七进一,马7进5,相三进五,卒3进1,炮七进四,马3退1,马七进六,车2退3,马六进四,车9平6,车六进四,车2平3,双方对峙。②马七进六,马6进4,车六进三,车9平6,炮八平六,炮1进4,黑方较为易走。

10.…………　车2平3

黑方平车压马,势在必行。

11.车六平四　车3进1　　12.车二平四　…………

红方如改走炮八进五,则车9平4,炮八平五,马3进5,炮五进四,士4进5,相三进五,将5平4,仕四进五,车4进7,对攻中黑方易走。

12.…………　炮5平6　　13.后车平六　…………

红方如改走前车进二,则炮1平6,车四进六,象3进5,炮八平二,车9平8,炮二进一,车3进2,黑方优势。

13.…………　车9平2

黑方平车瞄炮,紧要之着。对局至此,黑方已反夺主动权。

14.炮八进四　车3进2

黑方乘机掠相,谋取实利,为争取胜利打下物质基础。

15.炮八平三　士4进5　　16.炮三进二　象3进5

17.车六进二　车3退4

黑方得相多卒占优。

第37局　黑平边炮对红横车占左肋(二)

1.炮二平五　炮8平5　　2.马二进三　马8进7

3.车一平二　卒7进1　　4.马八进七　马2进3

5.车九进一　炮2平1　　6.车九平六　车1平2

7.兵七进一　车2进6　　8.炮八退一　车9进1

9.炮八平七　·········

红炮平七先避一手,为出击做好准备。

9.·········　车2进2

黑方进车牵制红方车炮,紧凑的走法。

10.车二进一(图37)　·········

如图37形势,黑方有两种走法:(一)马3退2;(二)车9平2,分述如下:

第一种走法:马3退2

10.·········　马3退2

黑方退马,嫌软。

11.车六进三　车9平6

12.兵三进一　车6进3

黑如改走6进6,则车二平三,马7进6,车六平四,车6退2,马三进四,卒7进1,马四进六,红有攻势。

13.炮七平三　·········

红方左炮右移,灵活机动,且攻击点转换得十分准确。黑如接走车2平6,则仕六进五,象7进9,炮五平六,也是红方占据主动。

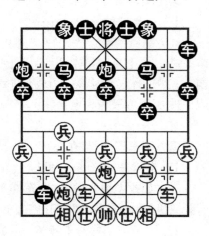

图37

13.·········　象7进9　　14.兵三进一　象9进7

15. 仕四进五　车 2 退 4

如改走车 6 进 4,则车六平四,红方优势。

16. 炮五平四　象 7 退 9　　17. 马三进四　车 6 平 7

18. 炮四平三　车 7 平 6　　19. 车二进七　士 6 进 5

20. 相三进五　车 6 退 4

黑如改走马 7 进 8,则后炮平四,马 8 进 6(如车 6 进 1,则车六平四,马 8 进 6,车二进一,士 5 退 6,车二平四,将 5 进 1,车四退五,红亦占优),炮四进三,马 6 进 7(如车 2 平 6,则炮三平四,红优),炮四退三,红方优势。

21. 马四进三　象 9 进 7　　22. 车六平三　车 6 平 8

黑如改走车 6 进 3,则车三进一,车 2 平 7,炮三进四,红方得象占优。

23. 车二进一　马 7 退 8　　24. 前炮进三　马 8 进 9

25. 马三进二

红方优势。

第二种走法:车 9 平 2

10. ⋯⋯⋯⋯　车 9 平 2

黑方联车,较为积极求变的走法。

11. 兵七进一　卒 3 进 1　　12. 炮七进四　前车退 7

黑方退车捉炮,保持变化的走法。

13. 炮七进四　士 4 进 5　　14. 马七进六　前车平 4

15. 车六平七　车 4 进 1　　16. 车七进六　炮 1 进 4

黑方进炮射兵,既避开红车锋芒又防止红方底炮平边,并可沉底发动攻势,由此黑方已呈反先之势。

17. 仕四进五　车 2 退 1

黑方退车管炮,稳健的走法。

18. 车二进五　炮 5 平 4　　19. 炮五进四　马 7 进 5

20. 车二平五　炮 1 进 3　　21. 炮七平四　⋯⋯⋯⋯

红方炮打底士,企图一决雌雄,否则黑方炮 4 进 7 轰仕,红方也难应付。

21. ⋯⋯⋯⋯　将 5 平 6

黑方吃炮,算准有惊无险。

22. 相三进五　⋯⋯⋯⋯

红方如改走车五进二吃士,则炮 4 平 5,相三进五,炮 5 进 5,黑得车。

22. ⋯⋯⋯⋯　车 2 进 7　　23. 车七进二　炮 4 退 2

24. 马三退四　车4进3　　25. 车七退三　炮4进9

对攻中,黑可捷足先登。

小结:红方第5回合高左横车,准备对黑方右马施加压力。黑方第5回合炮2平1平边炮,针锋相对,可与红方抗衡。

第五章　顺炮直车正马对挺 3 卒

顺炮直车对缓开车，黑方第 4 回合卒 3 进 1 抢挺 3 卒形成"两头蛇"阵势，是近期出现的新变着。本章列举了两局典型局例，分别介绍这一布局中双方的攻防变化。

第一节　黑挺 3 卒变例

第 38 局　黑挺 3 卒对红升车巡河

1. 炮二平五　炮 8 平 5　　2. 马二进三　马 8 进 7

3. 车一平二　卒 7 进 1　　4. 马八进七　卒 3 进 1

黑方抢挺 3 卒，影响大子出动速度，似得不偿失。

5. 车二进四　…………

红方升巡河车，正着。

5. …………　车 9 平 8(图 38)

如图 38 形势，红方有三种走法：(一)车二平六；(二)车二平八；(三)车二平四。分述如下：

第一种走法：车二平六

6. 车二平六　…………

红方平车占肋，保持变化的走法。

6. …………　车 8 进 6

7. 兵三进一　…………

红方冲兑三兵，争先要着。另有两种走法：①兵七进一，车 8 平 7，马七退五，车 7 退 1，车六进四，马 2 进 3，相七进九，卒 3 进 1，车九平七，马 7 进 6，车七进四，车 7 平 3，相九进七，马 6 进 5，马三进五，炮 5 进 4，车六退五，炮 5 退 2，双方均势。②车六进一，

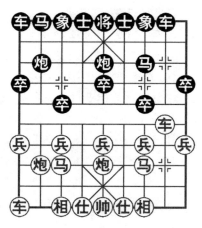

图 38

- 81 -

车8平7,炮五退一,象3进1,炮五平三,马2进3,车六退一,车7平6,马三进二,车6退4,相七进五,士4进5,仕六进五,车1平4,车九平六,炮5平4,前车平五,炮4平5,车五平六,炮5平4,前车平五,象7进9,马二进三,象9退7,车六进六,炮4退1,炮八进四,车6进6,车六平七,车4平3,炮三进一,车6退4,车五平六,士5进4,车六平九,马3退4,车七进三,象1退3,车九进二,红方易走。

7. ………… 马2进3

黑方如改走车8平7,则炮五退一,车7退1,车六进三,车1进2(如炮2平3,则炮五平三,车7平2,炮八进七,车1平2,车六平七,马7进6,车七退二,马6进4,马七退五,红方多子占优),炮八进七,士6进5,车六平七,车7进2,车七进二,车1退2,车九平八,士5进4,炮五进一,卒3进1,兵七进一,炮2平3,兵七进一,炮3进5,兵七平六,炮3平4,兵六进一,士4退5,车七退六,车1平2,车八进九,马7进6,炮五进四,马6进4,车七平六,马4退5,兵六平五,红方优势。

8. 兵三进一　车8平7　　9. 炮五退一　车7退2

10. 炮五平三　车7平4　　11. 兵七进一　…………

红方兑七兵,抢先之着。如改走车六进一,则马3进4,红方无便宜可占。

11. ………… 卒3进1　　12. 车六平七　马3退5

13. 相七进五　象3进1　　14. 仕六进五

红方优势。

第二种走法:车二平八

6. 车二平八　炮2进5　　7. 炮五平八　马2进3

8. 兵七进一　卒3进1　　9. 车八平七　马3进4

10. 车九平八　…………

红方如改走相七进五,则马7进6,仕六进五,马4进5,马三进五,马6进5,马七进五,炮5进4,车七平五,车1平2,车五退一,双方均势。

10. ………… 车1平2　　11. 相七进五　车8进6

12. 车七平六　车2进4　　13. 炮八平九　车2平3

14. 马七进八　马4退3　　15. 车八平七　车3进5

16. 相五退七　车8平7　　17. 相七进五　炮5平6

18. 车六平四　士6进5　　19. 兵九进一　象7进5

20. 炮九平七　马3进2　　21. 仕六进五　卒9进1

双方平稳。

第三种走法:车二平四

6.车二平四 车8进6

黑方进车反击及时,如改走马2进3,则兵七进一,卒3进1,车四平七,马3进4,车七平六,马4退3,车六进二,红方先手。

7.炮五退一 马2进3 8.兵七进一 卒3进1

9.车四平七 马3进4 10.车七平六 马4退3

11.车六进四 卒5进1 12.马七进六 车8平7

13.相七进五 卒5进1 14.兵五进一 炮2平1

15.车九平七 车1平2 16.车七进七 车2进7

17.炮五平七 车2退7 18.马六进七 马7进5

19.车六退二 车7进1 20.马七进九 ··········

红方简化局势正确,如改走车七进二,黑炮5进3,红难于应付。

20. ········· 象3进1 21.车六平五 车7退1

22.车七平九

红方优势。

第39局 黑挺3卒对红平边炮

1.炮二平五 炮8平5 2.马二进三 马8进7

3.车一平二 卒7进1 4.马八进七 卒3进1

5.炮八平九(图39) ··········

红方平边炮,准备快速出动大子。

如图39形势,黑方有两种走法:
(一)马2进3;(二)马2进1。分述如下:

第一种走法:马2进3

5. ········· 马2进3

6.车九平八 车1平2

7.车八进四 炮2平1

8.车八进五 马3退2

9.车二进四 车9进1

黑方如改走车9平8,则车二平八,

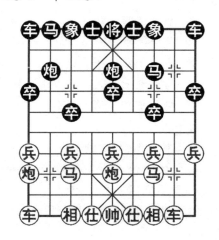

图39

马2进3,兵七进一,也是红方先手。

10. 兵三进一 ·············

红方也可改走车二平八,马2进3,兵七进一,卒3进1,车八平七,红方主动。

10. ············· 卒7进1　11. 车二平三　马2进3

12. 兵七进一　炮5退1　13. 马七退五 ·············

红方马回窝心,以退为进,稳健的走法。

13. ············· 炮5平7　14. 车三平二　象7进5

15. 兵七进一　象5进3　16. 车二平七 ·············

红方平车捉象,逼黑方飞起高象,使其阵形不整,以利进取,是灵活的走法。

16. ············· 象3进5　17. 炮五平七　车9平8

18. 车七平六　马3退2　19. 相三进五　炮1进4

20. 炮九进四 ·············

红方也可改走车六平九,黑如炮1平4,则车九进二,更为紧凑。

20. ············· 马2进1　21. 炮九平八　炮7进6

22. 马五进三　车8平2　23. 炮八退二 ·············

红方如改走车六进二,则炮1退3,黑方也可应付。

23. ············· 马7进6

黑方应改走炮1退3,红如炮八进三,则车2进1,车六平九,车2进5,要比实战走法好。

24. 车六平四　炮1退1　25. 车四进一　车2进4

26. 车四进一　卒5进1　27. 车四平一　卒5进1

28. 车一平九　卒5进1　29. 马三进五　车2平5

30. 马五进七　炮1平2　31. 车九平八　炮2平1

32. 炮七平九　象5退3

红方优势。

第二种走法:马2进1

5. ············· 马2进1　6. 车九平八　车1平2

7. 车二进四 ·············

红方高右车,正着。如改走车八进五,则炮2平3,车八平七,炮3进1,红方陷入被动。

7. ············· 车9平8　8. 车二进五　马7退8

9. 炮五进四　士6进5　　10. 车八进六　炮2平3

11. 车八进三　马1退2

双车兑尽,局势简化,黑方足可纠缠。

12. 相七进五　马8进7　　13. 炮五退一　炮3进4

14. 兵三进一　卒7进1　　15. 相五进三　卒3进1

16. 相三退五　卒3平4　　17. 马三进四　马2进1

18. 炮九进四　马1进3　　19. 炮五平七　炮5平2

20. 炮七平八　象7进5　　21. 马四进六　马3进2

22. 马六退八　炮2进3　　23. 仕六进五　马7进6

24. 炮九平七　卒4进1　　25. 炮八平五　炮2平8

黑方有卒过河占优。

小结: 黑方第4回合卒3进1抢挺3卒,影响大子出动速度,似嫌得不偿失。

第六章　顺炮直车边马对缓开车

顺炮直车对缓开车,红方第4回合马八进九进边马,力求两翼子力平衡发展,是比较稳健的走法。红方左马屯边,可演变成五七炮阵势,自20世纪70年代起流行至今,仍具有一定实效。本章列举了15局典型局例,分别介绍这一布局中双方的攻防变化。

第一节　红五七炮变例

第40局　红五七炮对黑右炮过河(一)

1.炮二平五　炮8平5　　2.马二进三　马8进7

3.车一平二　卒7进1　　4.马八进九 ………

红方进边马,力求两翼子力平衡发展,是比较稳健的走法。

4.……　　马2进3　　5.炮八平七

红方平炮遥控黑方3路线,是这一变例中常见的攻法。

5.……　　炮2进4

黑方伸炮过河,对攻之着。

6.兵七进一 ………

红方进七兵,威胁黑方右马。

6.……　　象3进1　　7.兵七进一 ………

红方通过弃兵逼迫黑方飞起高象,达到令对手阵形别扭的目的,是实战中常用的战术手段。

7.……　　象1进3　　8.马九进七　车9进1

黑方左横车,策应右翼,正着。如改走炮2平5,则马三进五,炮5进4,仕四进五,炮5退2,马七进六,马3退5,车九平八,红方主动。

9.马七进六　车1进2　　10.车九平八　炮2平7(图40)

如图40形势,红方有三种走法:(一)炮七平六;(二)兵五进一;(三)马六进五。分述如下:

第一种走法:炮七平六

11.炮七平六　‥‥‥‥‥

红方平炮防止黑方车9平4捉马,有嫌软弱。

11.‥‥‥‥‥　车9平6

黑方平车占肋,准备攻击红方河口马。由于红方上一个回合平炮缓手,攻势受阻,被黑方反夺主动。

12.车八进六　车6进3

13.马六进五　象3退5

14.车八平七　士4进5

15.相三进一　车6进1

黑方进车控制河口,关键之着。

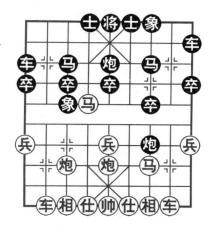

图40

16.炮六进一　卒7进1　17.相一进三　车6平7

18.炮六平三　车7进1　19.马三退五　车7平9

20.车二进四　车9平5　21.马五进七　车5退2

22.车二退一　马3退4　23.马七进五　车5平2

24.车二平三　马7进8　25.车三平四　车1平3

26.车七平五　车3进7

黑方易走。

第二种走法:兵五进一

11.兵五进一　‥‥‥‥‥

红方冲中兵,新的尝试。

11.‥‥‥‥‥　车9平4　12.马六进五　象3退5

13.车八进三　卒7进1　14.炮七进二　‥‥‥‥‥

红方进炮既可打死黑方边车,又可炮七平三打卒,一举两用之着。如改走相三进一,则马3退1,仕四进五,车1平4,车八平五,前车进4,兵五进一,卒5进1,车五进二,士4进5,马三进五,卒7平6,炮七平六,后车平2,车二进八,车2进4,车二退五,卒6进1,马五进六,车2退1,车二平三,车4进1,车三进四,车4退3,车五平六,车2平4,车三进二,车4退1,车三退二,车4平5,炮五平二,车5平8,炮二平三,马1进2,车三平五,红方优势。

14.‥‥‥‥‥　马3退1

黑方如改走马3退5,则炮七平三,车1平4,仕四进五,前车进4,车八平六,车4进5,车二进三,马5进3,炮五进一,车4退2,车二平三,红方多子占优。

15. 仕四进五　车1平4　　16. 炮七平三　车4进4

17. 车八平六　车4进5　　18. 车二进三　士6进5

19. 炮三进二　马1进2　　20. 炮五进一　炮7退2

21. 兵五进一　马2进3　　22. 兵五平四　车4退2

23. 相三进五

红方优势。

第三种走法:马六进五

11. 马六进五　象3退5　　12. 兵五进一　炮7平3

黑方逃炮,避免受攻。

13. 车二进三　炮3退2　　14. 兵五进一　卒5进1

15. 车二平五　车9平4　　16. 车五进二　士4进5

17. 仕六进五　…………

红方行棋方向正确,至此子力开扬,牢牢占据盘面主动。

17. …………　卒7进1　　18. 炮七进四　炮3进2

黑方顽强的走法是将5平4。

19. 马三进五　车4进2　　20. 炮七退二　卒1进1

21. 车八进三　炮3进2　　22. 马五进三

红方优势。

第41局　红五七炮对黑右炮过河(二)

1. 炮二平五　炮8平5　　2. 马二进三　马8进7

3. 车一平二　卒7进1　　4. 马八进九　马2进3

5. 炮八平七　炮2进4　　6. 兵七进一　象3进1

7. 兵七进一　象1进3　　8. 马九进七　车9进1

9. 马七进六　马3退1

黑马退边,减轻局面负担,避免子力受牵制。

10. 车九平八　车1平2

黑方如改走炮2平7,则马六进五,象3退5,兵五进一再车八进三捉炮,红方优势。

11. 兵三进一　…………

红方此时直接弃兵,着法比较尖锐。

11. …………　卒 7 进 1

12. 车二进六(图 41)　…………

如图 41 形势,黑方有两种走法:
(一)马7进6;(二)车9平4。分述如下:

第一种走法:马 7 进 6

12. …………　马 7 进 6

黑方左马盘河放弃中卒,嫌急。

13. 炮五进四　…………

红方如改走车二平四,则马 6 进 4,炮
五进四,士 4 进 5,炮七进二,车 9 平 7,双方
对峙。

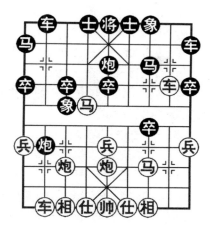

图 41

13. …………	士 4 进 5	14. 车二平三	卒 7 进 1
15. 马三退五	马 6 进 4	16. 炮七平六	车 9 平 6
17. 炮五退二	炮 2 进 2	18. 马五进六	车 6 进 5
19. 仕六进五	车 6 平 5	20. 前马进四	

红方优势。

第二种走法:车 9 平 4

12. …………　车 9 平 4　　13. 马六进五　象 3 退 5

黑方退象吃马,正着。如改走象 7 进 5,则车二平三,马 7 退 8,炮五进四,士
4 进 5,车三退二,车 4 进 2,炮五退一,马 1 进 3,仕四进五,马 8 进 6,马三进四,
车 4 进 2,炮七平二,马 6 进 8,相三进五,炮 2 退 1,车三进三,炮 2 平 6,车八进
九,马 3 退 2,车三平二,将 5 平 4,车二平三,炮 6 平 8,炮五平二,红方胜势。

14. 车二平三	车 4 进 6	15. 车八进二	马 7 退 5
16. 仕四进五	车 4 退 4	17. 兵五进一	马 5 进 3
18. 炮七进五	马 1 进 3	19. 马三进五	卒 3 进 1
20. 马五进三	炮 2 退 3		

黑方满意。

第 42 局　红五七炮对黑右炮过河(三)

1. 炮二平五　炮 8 平 5　　2. 马二进三　马 8 进 7

3. 车一平二　　卒7进1　　　4. 马八进九　　马2进3

5. 炮八平七　　炮2进4　　　6. 兵七进一　　象3进1

7. 兵七进一　　象1进3　　　8. 马九进七　　车9进1

9. 马七进六　　马3退1　　　10. 车九平八　　车1平2(图42)

如图42形势,红方有三种走法:(一)车二进六;(二)车二进四;(三)炮七平六。分述如下:

第一种走法:车二进六

11. 车二进六　　车9平4

12. 马六进四　　•••••••••

红方如改走马六进五,则象3退5,兵三进一,马7进6,兵三进一,马6进4,黑方足可一战。

12. •••••••••　　马1进3

13. 兵三进一　　马7进6

14. 兵三进一　　马6进4

15. 炮七退一　　炮2平3

16. 车八进九　　炮3进3

17. 仕六进五　　马3退2

黑方易走。

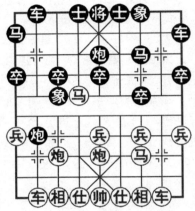

图 42

第二种走法:车二进四

11. 车二进四　　•••••••••

红进巡河车,稳健的走法。

11. •••••••••　　车9平4　　　12. 马六进五　　象3退5

13. 兵三进一　　马7进6

黑方进马抢攻,着法积极。如改走卒7进1,则车二平三,马7进6,炮五进四,士4进5,炮五退一,车4进6,车八进二,红方优势。

14. 兵三进一　　马6进4　　　15. 车八进二　　卒3进1

黑方满意。

第三种走法:炮七平六

11. 炮七平六　　•••••••••

红方平炮避免黑方车9平4捉马,比较含蓄。

11. •••••••••　　车9平6

黑方另有两种走法：①车9平2，兵三进一，卒7进1，车二进六，红方主动。②车2进5，车二进六，车9平2，马六进四，红优。

　12.车二进六　车6进3　　13.马六进五　象3退5

　14.炮六进五　…………

红方如改走车二平三，则炮2平7，车八进九，炮7退3，车八退一，卒7进1，黑方弃子足可一战。

　14.…………　车6进3　　15.炮六平三　车6平7

　16.炮五进四　士4进5　　17.相七进五　车7平6

　18.炮五退二

红方优势。

第43局　红五七炮对黑右炮过河（四）

　1.炮二平五　炮8平5　　2.马二进三　马8进7

　3.车一平二　卒7进1　　4.马八进九　马2进3

　5.炮八平七　炮2进4　　6.兵七进一　象3进1

　7.兵七进一　象1进3　　8.马九进七　车9进1

　9.马七进六　车1平3

黑方出象位车保马，常见的走法。

　10.兵三进一　…………

红方弃三兵，防止黑炮打兵，着法有力。

　10.…………　卒7进1

　11.车九平八（图43）…………

如图43形势，黑方有两种走法：（一）炮2退5；（二）车9平2。分述如下：

　第一种走法：炮2退5

　11.…………　炮2退5

　12.车八进四　…………

红方高车捉兵，次序井然。另可改走车二进六，马7进6，车二平四，马6进4。以下，红方有两种走法：①炮七进四，炮2平3（应改走马3退1为宜），炮五进四，士6进5，炮五退二，车9平7，车八进四，马4进

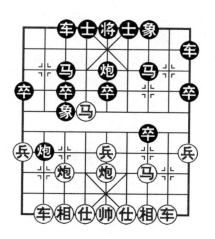

图43

3,车八退二,前马退4,车八平四,红胜。②炮七进一,马4进5,相三进五,车9平4,马六进五,象7进5,相五进三,车4进5,炮七退二,车4进2,炮七进三,炮2平4,相三退五,车4退3,仕四进五,炮4进2,车四进二,士4进5,炮七进二,车3平1,马三进四,卒1进1,马四进五,炮4进6,车八进九,车1平2,马五退六,炮4退1,炮七平二,红方大占优势。

12. ·········· 炮2平7

黑方平炮保卒,必然之着。如改走卒7进1,则车二进六,炮2平7(如卒7进1,则车二平三,红方弃子夺势占优),马三退一,士4进5,马六进五,象7进5,车二进一,马7进6,车八平四,马6退4,仕四进五,红方大占优势。

13. 仕四进五　车3平2　14. 车八平六　车2进2

15. 马三退一　士4进5　16. 炮七进二　卒7进1

17. 车六平四　炮5平6　18. 车四进二

红方主动。

第二种走法:车9平2

11. ·········· 车9平2　12. 炮七退一　卒7进1

黑方另有两种走法:①车3进1,炮七平三,炮2退2,马六进七,车3进1,炮三进三,马7进6,炮五进四,士4进5,相七进五,车3平4,炮五平三,象7进9,前炮进二,车2进1,车二进八,将5平4,前炮进一,将4进1,后炮进四,士5进6,马三进四,红方有攻势。②马7进6,车二进五,马6进4,车二平三,车2平4,炮五平六,卒7进1,炮七平六,马4进6,车三进四,车4平8,车八进三,卒7进1,车三退七,车3平2,车八平六,马3退1,前炮平五,士4进5,兵五进一,红方优势。

13. 炮七平三　马7进6　14. 车二进五　马6进4

15. 炮三进二　车2平7　16. 炮三平八　车7进6

17. 炮八平六

红方优势。

第44局　红五七炮对黑右炮过河(五)

1. 炮二平五　炮8平5　2. 马二进三　马8进7

3. 车一平二　卒7进1　4. 马八进九　马2进3

5. 炮八平七　炮2进4　6. 兵七进一　象3进1

7. 兵七进一　象1进3　8. 马九进七　车9进1

9. 马七进六　　车 1 平 3

10. 车九平八　　炮 2 平 7（图 44）

黑方如改走车 9 平 2，则兵三进一，卒 7 进 1，炮七退一，卒 7 进 1，炮七平三，马 7 进 6，车二进五，红方优势。

如图 44 形势，红方有两种走法：（一）炮七进四；（二）车八进六。分述如下：

第一种走法：炮七进四

11. 炮七进四　　··········

红方挥炮打卒，稳健的走法。如改走马六进五，则象 7 进 5，兵五进一，车 3 平 2，车八进九，马 3 退 2，局势相对简化，黑势乐观。

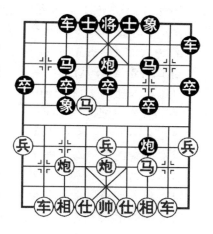

图 44

11. ··········　　车 3 平 2

黑方平车邀兑，正着。如误走马 3 退 1，则炮五平七，车 9 平 4，马六进五，象 7 进 5，前炮平一，红方优势。

12. 车八进九　　马 3 退 2　　　13. 炮七进三　　士 4 进 5

14. 车二进一　　··········

红方高车弃相，正确的走法。如改走炮七退一（如相三进一，则士 5 进 4，下步有车 9 平 3 捉死炮的手段），则士 5 进 4，炮七平二，马 2 进 3，黑方易走。

14. ··········　　炮 7 进 3　　　15. 仕四进五　　士 5 进 4

16. 车二退一　　··········

红方退车捉炮嫌缓，应直接走马三进四，以下黑如卒 7 进 1，则车二平三，卒 7 平 6，车三进六，红方优势。

16. ··········　　马 2 进 3

黑方进马邀兑，准备采取弃子抢攻战术。如改走炮 7 退 1，则车二平三，炮 7 平 8，马三进四，红方优势。

17. 马六进七　　炮 5 平 3　　　18. 车二平三　　象 3 退 5

黑方退象，正确的选择。如改走象 7 进 5，则炮五平七，象 3 退 1，前炮退一，红方多子占优。

19. 马三进四　　象 5 退 3

红方进马弃还一子，正着。如改走炮七平九，则车 8 平 1，炮九平八，车 1 平

2,炮八平九,卒 7 进 1,黑方弃子占先不难走。

20. 车三进五　•••••••••

红方大子灵活占先易走。

第二种走法:车八进六

11. 车八进六　•••••••••

红方左车过河,力争主动。

11.	•••••••	车 9 平 4	12. 马六进四	马 7 进 6
13. 仕四进五		马 6 进 4	14. 炮七平六	车 4 平 6
15. 车二进六		车 3 平 2	16. 车八进三	马 3 退 2
17. 炮五平四		车 6 平 9	18. 相三进五	马 4 进 2
19. 炮六平八		后马进 4	20. 车二退一	象 7 进 9
21. 车二退一		炮 5 进 4	22. 车二平五	炮 5 平 6
23. 马四退二		炮 7 平 8	24. 车五平四	车 9 平 8
25. 车四退一		车 8 进 3	26. 车四平八	

红方多子大占优势。

第 45 局　红五七炮对黑右炮过河(六)

1. 炮二平五	炮 8 平 5	2. 马二进三	马 8 进 7
3. 车一平二	卒 7 进 1	4. 马八进九	马 2 进 3
5. 炮八平七	炮 2 进 4	6. 兵七进一	炮 2 平 7

黑方平炮打兵,置红七路兵渡河于不顾,力争主动的走法。

7. 兵七进一	车 1 平 2	8. 兵七进一	马 3 退 1

9. 仕四进五　•••••••••

红方补仕,稳健的走法。如改走兵七平六,则车 2 进 3,兵六进一,炮 5 退 1,兵六进一,炮 5 进 1,车九进一,车 2 平 4,黑方足可应战。

9. •••••••　车 9 进 1(图 45)

黑方高左横车,似不如改走车 2 进 4,红如接走兵七平六,则士 4 进 5,兵六平五,炮 5 平 3,要比实战走法为好。

如图 45 形势,红方有两种走法:(一)车二进四;(二)车九进一。分述如下:

第一种走法:车二进四

10. 车二进四　•••••••••

红方高右车,引诱黑炮打相。

10.………………　车9平2

黑方联车,稳健的走法。如改走炮7进3打相,则车二退四,炮7退1,车二进一,炮7进1,炮七退一,红方易走。

11.车九进一　前车进4

12.炮七进二　士4进5

13.兵九进一　前车进2

黑方进车,正着。如改走前车平1贪吃红兵,则炮七平八,红方下伏炮五平八打车的手段。

14.车九平七　炮7进3

15.马三进四　炮5进4

黑方如改走车2进4巡河,则炮七平八,也是红方易走。

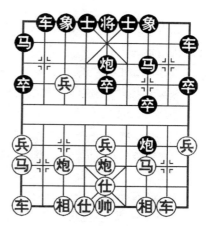

图45

16.车七进二　后车进6　　17.车七平八　车2退1

18.马四进六　炮5退2　　19.马九进七

红方易走。

第二种走法:车九进一

10.车九进一　………………

红方高左横车,改进后的走法。

10.………………　车2进5　　11.车九平七　车9平4

12.相三进一　车4进4

黑方车4进4联车,正着。如改走车2平3,则炮七平六,车4进4,车二平四,红方优势。

13.车二平四　卒7进1　　14.车四进三　士4进5

黑方补士嫌缓,并非当务之急。应改走车4平6兑车,车四进一,卒7平6,互缠中要比实战走法为好。

15.兵九进一　………………

红方弃边兵试探黑方应手,灵活之着。

15.………………　车2平3

黑方如改走车2平1,则马九进七,车1平2,炮七平九,炮5平1,炮九进五,象3进1,马七进五,红方优势。

16. 炮七平六　车3进3　　17. 马九退七　车4平3

黑方平车捉马,"反凑其忙"。不如改走车4平6兑车,车四进一,卒7平6,要比实战走法为好。

18. 马七进八　马7进8　　19. 相一进三　车3退2

黑车吃兵,无奈之着。如改走车3平7吃相,则炮五进四,车7平6,炮六进一,红方多兵占优。

20. 马八进六　车3进2　　21. 马六进四　车3平6

22. 车四进一　马8进6　　23. 炮五进四　马1进3

黑方忙中出错,应改走马6进7兑马,较易谋和。

24. 炮五平三　…………

红方平炮献炮,构思十分精巧,是扩大优势的精彩之着!

24. …………　马6进7

黑方如改走炮7退3,则马三进四,红方多中兵且子力占位好,明显占优势。

25. 炮三退三　象7进9　　26. 兵一进一　马3进5

27. 仕五进四　…………

红方扬仕捉马,妙!令黑方顿感难以应付。

27. …………　马7退9　　28. 相七进五　马5进3

29. 仕六进五

红方优势。

第46局　　红五七炮对黑平右车

1. 炮二平五　炮8平5　　2. 马二进三　马8进7

3. 车一平二　卒7进1　　4. 马八进九　马2进3

5. 炮八平七　车1平2

黑方出车,开动主力。

6. 兵七进一　…………

红方如改走车九平八,则炮2进4,仕四进五,车9进1,车二进四,车9平2,黑方满意。

6. …………　象3进1　　7. 兵七进一　象1进3

8. 马九进七　炮2平1　　9. 马七进六　车2进2

黑方高车保马,正着。如改走马3退1,则车二进四,车9进1,兵三进一,卒7进1,车二平三,红方优势。

10.车二进四(图46) ··········

红方高车巡河,稳健的走法。红方亦可改走车九进二,黑如车9进1,则炮七平六,马3退2,车二进六,红方先手。

如图 46 形势,黑方有两种走法:(一)车9平8;(二)车9进1。分述如下:

第一种走法:车9平8

10.··········　　车9平8

11.车二平四 ··········

红方如改走车二进五,则马7退8,双方平稳。

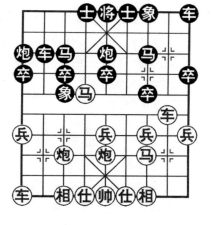

图46

11.··········　　马3退2

12.车九进二　　车2平4

13.马六进四　　车8进1　　14.车九平八　　马2进4

15.兵三进一　　炮5平6　　16.车四平五　　车4进2

17.兵三进一　　车4平7　　18.车八进六 ··········

红方进车牵制黑方车马,着法紧凑。

18.··········　　象3退5　　19.车五平三　　车7进1

20.马四退三

红方优势。

第二种走法:车9进1

10.··········　　车9进1　　11.炮七平六　　马3退2

黑方退马必然,意在防止红方马六进五再炮六进五串打得子的手段。

12.兵三进一　　卒7进1　　13.车二平三　　炮5退1

14.车九进二　　炮5平7　　15.车三平四　　炮7平4

黑方平肋炮邀兑,可以减轻红方的压力,应走之着。

16.仕四进五　　象3退5　　17.车九平八　　车2进5

18.炮五平八　　炮4进6　　19.车四平八 ··········

红方先平车捉马,再以仕吃炮,老练细腻之着。如改走仕五进六吃炮,则黑方有车9平4捉马的手段。

19.··········　　马2进4　　20.仕五进六　　马4进6

黑方如急于炮1进4打兵,炮八平九,炮1平4,兵一进一,黑方炮位不佳,易被红方利用。

21.马三进四　车9平4　　22.仕六退五　马7进8

黑方进外马邀兑,有嫌软弱。应改走卒5进1,更具针对性。

23.炮八平六　炮1平4　　24.炮六平五　马8进6

25.车八平四

红方优势。

第47局　红五七炮对黑左横车

1.炮二平五　炮8平5　　2.马二进三　马8进7

3.车一平二　卒7进1　　4.马八进九　马2进3

5.炮八平七　车9进1

黑方高左横车,创新的走法。

6.车九平八　●●●●●●●●●●●

红方平车捉炮,正着。如改走兵七进一,则马7进6,车九平八(如兵七进一,则马6进4,炮七进一,炮2进5,黑方反先),车1平2,车八进五,马6进4,炮七平六,卒3进1,车八退一,马4进5,相三进五,车9平4,仕四进五,车4进4,车八进二,卒3进1,车八平七,马3退5,车七退二,车4平3,相五进七,炮2进5,相七退五,车2进5,车二进八,炮5平3,车二平四,炮3退1,车四退三,马5进3,兵九进一,车2平1,车四平三,象3进5,车三退一,炮2平5,相七进五,车1进2,黑方得相占先易走。

6.●●●●●●●●●●　马7进6

黑方跃马河口,力争主动。如改走车1平2,则车八进五,红方优势。

7.车二进四　●●●●●●●●●●●

红方如改走车八进四,则车9平4,仕四进五,车1平2,兵九进一,炮2平1,车二进四,车2进5,车二平八,马6进4,炮七平六,马4进5,相三进五,炮5平7,兵三进一,车4进3,马三进四,车4平6,兵三进一,车6平7,马四进五,马3进5,车八平五,也是红方优势。

7.●●●●●●●●●●　车9平4　　8.仕四进五　车1平2

9.车八进六(图47)　●●●●●●●●●●●

红方左车过河,常见的战术手段。如改走车二平四,则车4进3,车八进六,炮5平6,车四平二,象3进5,兵九进一,士4进5,炮七进四,炮2平1,车八进三,马3退2,兵三进一,卒7进1,车二平三,车4退1,马九进八,马2进3,黑方满意。

如图 47 形势,黑方有三种走法:
(一)车4进4;(二)炮2平1;(三)炮5平6。
分述如下:

第一种走法:车 4 进 4

9. ·········　车 4 进 4

黑方进车邀兑,争夺巡河线主动权。

10. 车二进一　·········

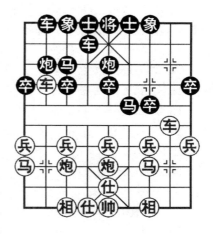

图 47

红方进车捉卒,新的尝试。以往多走车二进二,车 4 退 2(如炮 5 进 7,则车二平四,车 4 退 1,炮五进四,马 3 进 5,车四平五,象 3 进 5,兵五进一,马 6 进 7,兵五进一,车 4 进 2,车五平三,炮 7 平 6,兵五进一,炮 6 进 2,兵五进一,象 7 进 5,车三平五,红方优势),车二平三,象 7 进 9,兵三进一,卒 7 进 1,车三退二,红方稍优。

10. ·········　马 6 进 5　　11. 马三进五　炮 5 进 4

12. 车二平三　·········

红方平车吃卒,正着。如改走车八平七,则炮 2 进 7,黑方有弃子争先手段。

12. ·········　车 4 平 6　　13. 车三退一　车 6 进 1

14. 兵七进一　炮 2 平 1　　15. 炮七进一　车 2 进 3

16. 炮七平四　车 2 进 1　　17. 车三平五　车 2 平 5

18. 车五进一　卒 5 进 1　　19. 帅五平四

红方易走。

第二种走法:炮 2 平 1

9. ·········　炮 2 平 1

黑方平炮兑车,简明的走法。

10. 车八平七　·········

红方平车压马,保持变化的走法。如改走车八进三,则马 3 退 2,炮五进四,士 4 进 5,炮五退一,车 4 进 3,炮七平五,马 6 进 7,黑可抗衡。

10. ·········　车 2 进 2　　11. 车七退二　炮 5 平 6

黑方如改走马 6 进 7,则车七平八,车 4 平 2,兵九进一,士 4 进 5,车二平七,马 7 进 5,相三进五,炮 5 平 7,马三进二,象 3 进 5,炮七平八,前车进 3,马九进八,车2平4,马二进一,炮7平9,马一退三,炮1进3,马三进四,士5进6,车七进三,车4进2,车七退一,车4平3,马八进七,红方优势。

12. 车七平八	车2进3	13. 车二平八	象7进5
14. 炮七进五	炮6平3	15. 车八平七	车4进1
16. 炮五进四	士4进5	17. 相七进五	炮1进4
18. 兵五进一	将5平4	19. 兵五进一	马6进7
20. 车七平九	炮1平2	21. 车九进二	

红方优势。

第三种走法:炮5平6

9. ………… 炮5平6

黑方卸炮调整阵势,创新之着。

10. 兵九进一 …………

红方挺兵开逼马路,稳步进取。

10. …………	车4进4	11. 车二平六	马6进4
12. 炮七进四	象3进5	13. 炮七平九	…………

红方应改走兵五进一为宜。

13. …………	士6进5	14. 兵九进一	马3进4

15. 车八平六 …………

红方平车捉马授人以隙,应改走车八平七为宜。

15. …………	炮2平3	16. 马九退七	前马进5
17. 相三进五	马4进6	18. 马七进六	马6进7
19. 车六平五	车2进5	20. 马六进五	车2平8
21. 仕五退四	炮6平9	22. 车五平一	炮9进4

黑方多子占优。

小结:顺炮直车边马对缓开车变例,意在稳步进取,以缓攻为主。黑方第9回合马3退1退边马,可与红方抗衡。黑方车1平3或车1进2的应法,实战效果不理想。

第二节　红高横车变例

第48局　红高横车对黑平边炮

1. 炮二平五　炮8平5　　2. 马二进三　马8进7

3.车一平二　卒7进1　　　4.马八进九　马2进3

5.车九进一　·········

红方高横车，是一种比较稳健的走法。

5.·········　炮2平1(图48)

如图48形势，红方有三种走法：(一)炮八平七；(二)车二进四；(三)车九平六。分述如下：

第一种走法：炮八平七

6.炮八平七　炮5平6

黑方卸中炮，在步数上吃亏。如改走车1平2，则兵七进一，车2进4，炮七进四，也是红方先手。

7.车九平四　士4进5

8.车四进三　·········

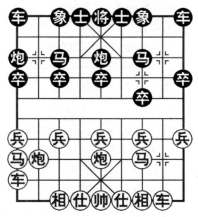

图48

红方也可改走车二进四，黑如车9平8，则车二进五，马7退8，车四进三，象3进5，兵三进一，卒7进1，车四平三，车1平4，兵九进一，卒3进1，仕四进五，红仍持先。

8.·········　象3进5

9.兵三进一　卒7进1　　　10.车四平三　车9进2

黑方高车保马，正着。如改走马7进6，则车二进五，红优。

11.马三进四　马7进6　　　12.炮五平四　炮6进3

黑方如改走马6进4，则炮四进五，士5进6，炮七平三，红方主动。

13.车三平四　车6退7　　　14.兵九进一　·········

红方挺边兵，嫌软。应改走炮七退一，黑如车1平4，则炮七平三，车4进4，炮四平三，马7进6，兵九进一，黑方左翼底线有弱点，红方优势。

14.·········　车1平4　　　15.炮七进四　卒5进1

16.仕四进五　马7进5　　　17.车四进一　·········

红方进肋车捉卒，嫌软。应改走车二进五，车9平7，相三进五，车7进2，车二平三，马5进7，炮七平三，双方大体均势。

17.·········　炮1进3　　　18.车四平五　炮1退1

黑方退炮，暗伏马5进3打死车的手段，正着。如改走马5进3，则车五平四，炮1退1，车四进一，红方易走。

19. 车五退一　车9平7　　20. 相三进五　车7进4

21. 车二进六　炮1进2　　22. 车二平四　马5进3

23. 车五平二　炮1平5　　24. 兵七进一　前马退5

25. 马九进八　车4进5

黑方进车邀兑,紧凑有力。

26. 车二平六　马5进4

黑方优势。

第二种走法:车二进四

6. 车二进四　………

红方先升巡河车,创新的走法。

6. ………　车1平2　　7. 炮八平七　车9平8

黑方兑车,嫌软。不如改走车2进4,红如炮七进四,则马3退1为宜。

8. 车二进五　马7退8　　9. 兵七进一　…………

红方挺三兵控制黑方7路线,紧凑有力。

9. ………　车2进2

黑方如改走车2进5,则炮七进四,也是红方易走。

10. 炮七进四　马8进7　　11. 兵七进一　士4进5

12. 马九进七　…………

红方边马出击,红方先手已趋扩大,黑方难以抗衡。

12. ………　马3退4　　13. 马七进六　炮5平4

14. 马六进四　马4进5　　15. 车九平六　炮1退1

16. 车六进四　象7进9　　17. 炮七进二　…………

红方进炮拦炮,不让黑方平炮打车反击,细腻。

17. ………　车2进1　　18. 兵五进一　炮1进5

19. 炮七退一　…………

红方如改走兵五进一,则炮1退2,黑可打车争先。

19. ………　马7退8　　20. 车六退二　炮1进3

21. 兵五进一　马8进6　　22. 车六平五　卒5进1

23. 马四进六　士5进4　　24. 车五进二

红方大占优势。

第三种走法:车九平六

6. 车九平六　车1平2　　7. 炮八平七　马7进6

8.车二进四　炮5平6　　9.兵三进一　卒7进1

10.车二平三　车2进4　　11.兵九进一　象3进5

12.车三平八　‥‥‥‥‥

红方平车邀兑,抢先之着。

12.‥‥‥‥‥　车2进1　　13.马九进八　卒3进1

14.马八进六　车9平8　　15.兵七进一

红方优势。

第49局　红高横车对黑补右士

1.炮二平五　炮8平5　　2.马二进三　马8进7

3.车一平二　卒7进1　　4.马八进九　马2进3

5.车九进一　士4进5

黑方补士巩固中防,以逸待劳。

6.车九平六　车9进2(图49)

黑方高边车,准备下着强行跃马出车。

如图 49 形势,红方有三种走法:
(一)车六进三;(二)车二进四;(三)车二进
六。分述如下:

第一种走法:车六进三

7.车六进三　马7进6

8.车六平四　车9平6

9.炮八进三　‥‥‥‥‥

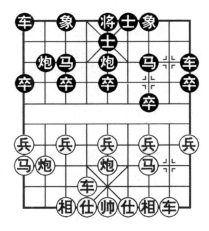

图 49

红方进骑河炮,控制黑方卒3进1再
马3进4捉车的手段。如改走炮五平四,
则炮5进4,炮四进三,炮5退2,黑方弃子占势易走。

9.‥‥‥‥‥　象3进1　　10.炮八平三　车1平4

11.兵九进一　卒3进1　　12.仕四进五　象7进9

13.炮三进三　象9退7　　14.炮三退三　马3进4

黑方进马邀兑,求变之着。如改走象7进9,则炮三进三,双方不变作和。

15.炮三平六　车4进4　　16.炮五平四　车4进1

17.兵三进一　‥‥‥‥‥

红方如改走车四退一,则马6进8,车四进四(如炮四进五,则马8进6,黑方优势),马8进7,车二进二,炮5进4,黑方大占优势。

17. ⋯⋯⋯⋯ 炮5进4　　18. 相三进五　车6平4

19. 车四平六　马6进4

黑方易走。

第二种走法:车二进四

7. 车二进四　⋯⋯⋯⋯

红车巡河,稳健的走法。

7. ⋯⋯⋯⋯　车9平8

黑方如改走炮5平6,则炮八进四,车9平8,车二平七,卒3进1,车七进一,象3进5,车七进一,车1平3,炮五平七,车8进4,相三进五,车8平7,炮八退三,车3平4,双方对抢先手。

8. 车二平七　⋯⋯⋯⋯

红方另有两种走法:①车二进三,炮5平8,车六进三,象3进5,兵三进一,车1平4(如卒7进1,则车六平三,马7进8,车三进二,炮8平6,双方均势),车六进五,将5平4,兵三进一,象5进7,双方平稳。②车六平二,车8进3,车二进三,炮2进2,炮八平七,炮5平6,炮五平四,炮6平5,仕四进五,炮5进4,炮四平五,炮5退2,兵七进一,车1进2,车二平五,炮5进3,相三进五,象3进5,兵三进一,卒7进1,车五平三,炮2平7,马三进四,马7进6,双方均势。

8. ⋯⋯⋯⋯　炮5平6　　9. 车七进二　象3进5

10. 兵五进一　炮2进4　　11. 炮五进一　炮2平5

12. 马三进五　车1平3　　13. 马五进七　炮6进1

14. 马七进六　炮6平4　　15. 车六进五　车8进3

16. 仕六进五　车8平5　　17. 兵九进一　马7进6

18. 车六退一　马6进7　　19. 炮八平七　马3退1

20. 车九平九　马1进3　　21. 车九平七　马3退1

红方稍好。

第三种走法:车二进六

7. 车二进六　马7进6　　8. 车二平三　炮2平1

黑方如改走卒3进1,则车三退一,车9平6,仕六进五,炮2进4,炮八平七,车1平2,兵九进一,象3进1,车三进四,炮2进3,马九退八,车2进9,车六退一,马6进4,车六进四,车2平3,仕五退六,车3退2,仕四进五,车6进6,黑方反先。

9.兵九进一　车1平2　　　10.炮八进二　马6进5

11.马三进五　炮5进4　　　12.炮五平八　车2平1

13.车三进三　象3进5　　　14.车三退三　车9平8

15.前炮平七　炮1进3　　　16.炮八进一　炮5退2

17.马九进八　车8进3　　　18.马八进七　车8平5

19.仕四进五　车5平3　　　20.马七退五　车3平2

21.马五进七　车2进1　　　22.车六进三　炮1退1

黑方得子占优。

第50局　黑进右马对红高横车

1.炮二平五　炮8平5　　　2.马二进三　马8进7

3.车一平二　卒7进1　　　4.马八进九　马2进3

5.车九进一(图50)　·········

如图50形势,黑方有两种走法:(一)车9进1;(二)卒1进1。分述如下:

第一种走法:车9进1

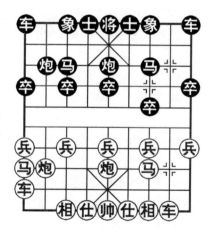

5.·········　　　车9进1

6.车九平六　车1进1

7.车二进四　车9平4

8.车二平六　将5进1

黑方上将使车生根,是别开生面的走法。如改走车4进4,则车六进三,红方仍持先行之利。

9.兵七进一　·········

红方如改走兵九进一,则马7进6,前车进四,车1平4,车六进七,将5平4,炮八平六,卒3进1,黑方易走。

9.·········　　　车4进4

10.车六进三　车1平4　　　11.车六进四　将5平4

12.炮八平七　象3进1　　　13.兵七进一　·········

图50

红方弃兵制马,力争主动的走法。如改走炮七进三打卒,则马7进6,黑不难走。

13.·········　　　象1进3　　　14.马九进七　炮5平6

15.马七进五　马7进6

黑方如改走象7进5,则马五进六,也是红优。

16.马五进三　炮6平7　　17.兵三进一　象7进9

18.马三进一　炮7进5　　19.炮七平三　马6进5

20.炮三进一　马5退7　　21.兵一进一　马7进5

22.马一退二　象3退5

以上一段角逐,黑方以炮兑马后,连得三兵,使局势有所缓和。这着退象,失算。应改走炮2进3,红如兵一进一,则马5退7,马二进三,炮2平5,仕四进五,象9进7,黑可对抗。

23.炮三进四　马5退4　　24.炮五平七　…………

红方平炮攻马巧得一子,为取胜奠定物质基础。

24.…………　卒3进1　　25.炮三平七　卒3进1

26.马二进四　…………

红方跃马助攻,控制黑将,紧凑有力之着。

26.…………　卒3进1　　27.后炮平一　象9退7

黑方如改走马4退3,则炮一进五,红可吃回一子。

28.马四进六

红方多子占优。

第二种走法:卒1进1

5.…………　卒1进1

黑方进边卒是少见的走法,其目的是控制红方边马。

6.车二进四　…………

红进巡河车防止黑方边卒渡河,继续贯彻稳健型的走法。如改走车九平六抢占肋道,则卒1进1,兵九进一,车1进5,车六进五,炮5平6,车六平七,象7进5,红无便宜可占。

6.…………　车9平8　　7.车二平七　车1进3

黑方进车保卒,正着。如改走炮5平6,则车七进二,象7进5,兵五进一,士6进5,兵五进一,卒5进1,马三进五,红方先手。

8.车九平六　士6进5　　9.兵三进一　…………

红兑三兵,正确的选择。如改走车六进五,则炮5平6,车六平七,车1平3,车七进二,象7进5,黑方足可抗衡。

9.…………　车8进4　　10.车六进四　卒7进1

11.车六平二　马7进8　　12.车七平三　象7进9

13.炮八平七　炮5平6　　14.兵七进一　象3进5

15.车三平二　马8退7　　16.马九进七　马7进6

17.车二进一　象9进7

黑方飞象拦车,有嫌软弱。应改走马6进4,红如炮七退一,则车1平2;红又如改走炮七平九,则卒3进1,兵七进一,马4进2,黑可对抗。

18.马七进五　车1平2

黑方亮车,失察。如改走马6进4,局面尚无大碍。

19.兵七进一　…………

红方献兵,巧着。黑如接走卒3进1,则马五进三,红方大占优势。

19.…………　马6进4　　20.马五进六　士5进4

黑方扬士顶马,出于无奈。如改走炮6退1,则车二进四,士5退6,车二退一,卒3进1,马六进七,将5进1,炮五平四,红方胜定。

21.炮五进四　士4进5

红方炮打中卒,有如石破天惊,实出黑方所料,是迅速取得胜势的精彩之着。黑方如不补士,改走马4退5吃炮,则炮七平五顶马,红亦胜势。

22.兵七进一　车2进4　　23.炮五退一　将5平4

24.马六进四　士5进6　　25.车二进四　象5退7

26.车二平三　将4进1　　27.兵七进一

红方大占优势。

小结:顺炮直车边马对缓开车,红方第5回合车九进一高横车,是一种比较稳健的走法。黑方第5回合士4进5巩固中防,以逸待劳,可与红方抗衡。

第三节　其他变例

第51局　黑左横车对红右车过河(一)

1.炮二平五　炮8平5　　2.马二进三　马8进7

3.车一平二　卒7进1　　4.马八进九　车9进1

黑方高横车,不如改走马2进3先活通右翼强子为好。

5.车二进六　…………

红方进车过河,针锋相对之着。

5.·········· 马2进3

黑方如改走车9平4,则仕四进五,马2进3,车二平三,炮5退1,炮八平七,车4进1,车九平八,炮5平7,车三平二(如车三平四,则车4平6,黑可兑车争先),车1平2,车八进六,炮2平1,车八进三,马3退2,兵九进一,车4进3,炮五进四,马7进5,车二平五,象3进5,相三进五,红方稍优。

6.车二平三　炮5退1

黑方退炮,容易造成左翼车炮自相堵塞的局面。

7.炮八平七　炮5平7　　8.车三平四　炮7平2

黑方平炮封车兼逼车路,正着。

9.兵五进一　车9平4　　10.兵五进一(图51)··········

如图 51 形势,黑方有两种走法:
(一)车4进5;(二)车4进6。分述如下:

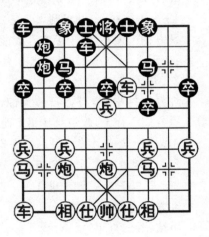

图51

第一种走法:车4进5

10.·········· 车4进5

11.兵五进一　士4进5

12.兵五平六　象3进5

13.车四平三　车1平4

黑方出车,准备弃子取势。如改走马3退4,则兵六平七,红方胜势。

14.仕四进五　后车进3

15.车三进一　后车平5

16.车三平二　车4平7

17.相三进一　卒3进1

黑方应改走卒7进1,较为顽强有力。

18.车二退三　马3进2　　19.车二平六　前炮平4

20.兵九进一

红方多子占优。

第二种走法:车4进6

10.·········· 车4进6

黑方进车捉炮,是改进后的走法。

11.炮七退一　··········

红方如改走兵五进一,则炮2平5,黑方优势。

11. ………… 士4进5　　12.车四平三　卒5进1

13.马二进五　卒5进1

黑方弃卒控制红马进路,势在必行。

14.炮五进二　象3进5　　15.车三平七　…………

红方如改走车三进一吃马,则车4退2,炮七平五,车1平4,相七进五,前车平5,黑方优势。

15. ………… 车4退1　　16.马五退四　马3进5

17.车七进二　车1平2　　18.仕六进五　马7进6

黑方优势。

第52局　黑左横车对红右车过河(二)

1.炮二平五　炮8平5　　2.马二进三　马8进7

3.车一平二　卒7进1　　4.马八进九　车9进1

5.车二进六　马2进3　　6.车二平三　车9平4(图52)

黑方横车过宫,正着。

如图52形势,红方有两种走法:(一)车九进一;(二)炮八平七。分述如下:

第一种走法:车九进一

7.车九进一　…………

红方高左横车,目的是迅速出动主力攻击黑方左翼。如改走车三进一吃马,则炮5进4,马三进五,炮2平7,红方得不偿失。

7. ………… 炮5退1

8.车九平四　车4进6

9.炮八进二　炮5平7

黑方如改走卒3进1,则炮八平五,红方主动。

10.车三平二　炮7平4

11.仕四进五　车4退2

12.炮八平七　炮4进2

黑方如改走马3退5,则炮五进四,马7进5,车二平五,炮2平5,车四进六,炮4进1,车四进一,红方优势。

13.车二进二　马3退5

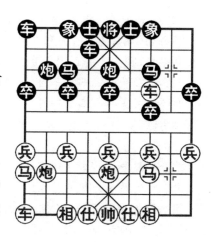

图52

14.车二平三　…………

红方平车蹩马,准备出帅作杀,凶狠之着。

14.…………　炮2进2

黑方应改走炮4进1,红如接走车三平四,炮4平6,黑方尚可支撑。

15.车四进六　…………

红方进车士角蹩住黑方马腿,下伏炮五进四炮击中卒的手段,一击中的,已令黑方防不胜防了。

15.…………　象3进5　16.帅五平四　炮2平6

17.炮五进四　炮4退1　18.车三退一　…………

红方退车吃马一车换双,是简明的走法,由此确定了胜势。

18.…………　炮4平6　19.车三平四　车4平6

20.帅四平五　卒3进1　21.炮七平五　车1平2

22.兵三进一

红方胜势。

第二种走法:炮八平七

7.炮八平七　车4进6　8.炮七进四　车4退4

9.炮五平七　…………

红方卸炮,攻守两利。如改走车三进一,则车4平3,炮五平七,车3平4,炮七进五,车4平3,炮七平六,士4进5,黑方易走。

9.…………　炮2进5　10.相七进五　马3退5

11.仕六进五　炮5平4

黑方卸中炮,防止红方车九平六兑车兼可飞象固防。也可改走车1平2,红如车九平六,则车4进6,仕五退六,车2进6,黑方局势较有反弹力。

12.车三退一　车1平2　13.兵九进一　象3进5

14.车三退一　马7进6

黑方跃马河口,嫌急。应先车2进6挥车过河,红如续走车九平八,再马7进6。

15.车三平八　车2进5　16.马九进八　马6进4

17.车九平八　炮4平2

黑方平炮保炮,无奈之着。如改走炮2平5,则相三进五,马4进5,仕五进四,马5进3,帅五进一,黑方弃子后无续攻手段,红方多子易走。

18.车八平六　马5进7　19.兵三进一　马7进6

20. 兵三进一 ··········

红方弃兵,准备跃出右马助战,力争主动的走法。

20. ·········· 后炮平 4 　 21. 仕五进四 ··········

红方扬仕,解除黑方谋车的威胁。此时不能走车六平八,否则炮 2 平 5,相三进五,马 4 进 5,仕五进四,马 5 进 3,帅五进一,马 6 进 5,黑方大占优势。

21. ·········· 象 5 进 7 　 22. 马三进二 马 6 进 7

黑方如改走马 6 进 5,则车六进三,黑马无好路可去。

23. 车六进三 卒 5 进 1 　 24. 仕四进五 炮 4 平 9

25. 兵五进一 ··········

红方弃中兵活通车路,灵活之着。算准可以通过先弃后取的手段扩大先手。

25. ·········· 马 7 退 5 　 26. 马二退四 马 4 退 2

27. 马四进五 车 4 进 3 　 28. 马八退六 炮 9 进 4

29. 马六进七 ··········

红方进马邀兑,算定可以巧施兑子战术简化局面,稳占残局优势。

29. ·········· 炮 9 进 3 　 30. 仕五退四 马 5 退 3

31. 马五进四 将 5 进 1 　 32. 马四退六 将 5 平 6

33. 后炮进三

红方残局易走。

第 53 局　　黑挺 7 卒对红平炮七路

1. 炮二平五 炮 8 平 5 　 2. 马二进三 马 8 进 7

3. 车一平二 卒 7 进 1 　 4. 马八进九 车 9 进 1

5. 炮八平七 ··········

红方平炮准备亮出左车牵制黑方右翼子力,是一种稳步进取的走法。

5. ·········· 炮 2 进 4

黑方右炮过河,另辟蹊径。

6. 车九平八 车 9 平 2(图 53)

黑方平车保炮,稳健的走法。以往黑方曾走炮 2 平 5,马三进五,炮 5 进 4,仕四进五(应改走仕六进五),车 9 平 6,车八进四,车 1 进 2,车八平五,车 6 进 5,兵七进一,车 1 平 6,相三进一,象 3 进 5,炮七进一,后车进 3,黑方优势。

如图 53 形势,红方有两种走法:(一)车二进六;(二)车二进四。分述如下:

第一种走法:车二进六

7.车二进六 ·········

红方如改走仕四进五,则车2进3,车二进六,车1进2,车二平三,炮5退1,红方左翼子力被封,红无便宜可占。

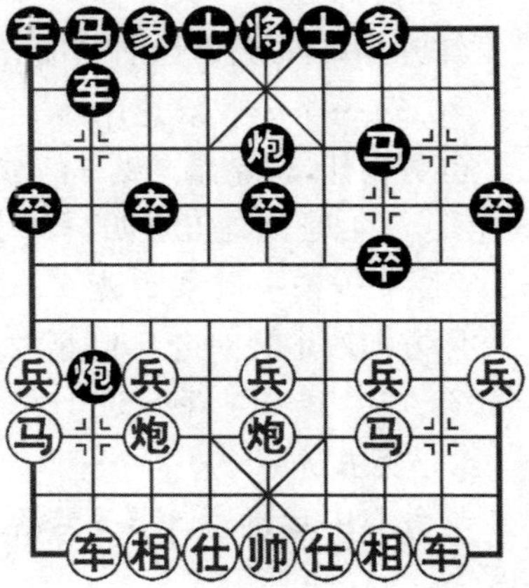

7.········· 车1进2

8.仕四进五 车2进3

9.车八进二 车1平2

10.车二平三 炮5平3

11.炮五进四 马7进5

12.炮七平五 象3进5

13.炮五进四 士4进5

14.车八平六

红方多兵占优。

第二种走法:车二进四

7.车二进四 车1进2

黑方高车,含蓄之着。

8.兵三进一 卒7进1　　9.车二平三 炮5退1

10.兵九进一 车1平2　　11.仕四进五 炮5平7

12.车三平四 炮2进1　　13.炮五平八 前车进5

14.车八进二 车2进6　　15.炮七平五 车2退3

16.马三进二 士4进5　　17.相三进一 象7进5

18.马九进八 马2进1　　19.车四平六

红方主动。

图53

第54局　黑挺7卒对红跳边马

1.炮二平五 炮8平5　　2.马二进三 马8进7

3.车一平二 卒7进1　　4.马八进九(图54) ·········

如图54形势,黑方有两种走法:(一)卒1进1;(二)马2进1。分述如下:

第一种走法:卒1进1

4.········· 卒1进1

黑方挺边卒制马,避开俗套,布局力创新变。

5. 炮八平六 ………

以往红方曾走车九进一,炮 2 平 3,兵九进一,车 9 进 1,车二进四,车 9 平 4,马九进八,卒 1 进 1,兵三进一,车 4 进 6,炮八平七,车 1 进 4,仕六进五,车 4 退 4,兵三进一,车 1 平 7,车九进三,马 2 进 1,马八进九,炮 3 退 1,车九平三,红方先手。

5. ……… 马 2 进 1

6. 车九平八　车 1 平 2

黑方如改走炮 2 平 4,则车二进六,士 4 进 5,仕四进五,炮 4 进 1,车二退二,车 9 平 8,车二进五,马 7 退 8,炮五进四,炮 4 进 3,车八进四,炮 4 平 7,相三进五,马 8 进 7,炮五退一,车 1 平 2,车八平六,红方先手。

7. 车二进四 ………

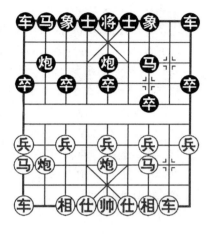

图 54

红车巡河,稳健的走法。如改走车二进六,则士 6 进 5,车八进四,炮 2 平 4,车八进五,马 1 退 2,兵三进一,卒 7 进 1,车二平三,象 7 进 9,车三退二,车 9 平 6,兵九进一,卒 1 进 1,车三平九,马 2 进 1,车九平三,马 7 进 6,车三平四,马 1 进 2,双方均势。

7. ……… 车 9 平 8		**8. 车二进九　马 7 退 8**	
9. 炮五进四　士 6 进 5		**10. 车八进四　马 8 进 7**	
11. 炮五退一　炮 2 平 3		**12. 车八平二　车 2 进 7**	
13. 仕四进五　马 1 进 2		**14. 炮六平四　马 2 进 3**	
15. 相七进五　车 2 退 3		**16. 兵五进一　车 2 平 3**	
17. 马九进七　车 3 进 2		**18. 炮四退二　炮 3 平 2**	

黑方稍优。

第二种走法：马 2 进 1

4. ……… 马 2 进 1　　5. 兵九进一　车 9 进 1

黑方亦可改走车 1 进 1,红如接走车二进四,车 1 平 4,兵三进一,卒 7 进 1,车二平三,车 9 进 2,车九进一,车 4 进 6,炮八进二,炮 5 退 1,车三平二,象 7 进 5,车九平四,炮 5 平 4,车二进二,卒 9 进 1,马三进四,士 4 进 5,仕四进五,车 4 进 1,炮五平六,炮 2 进 2,红无便宜可占。

6. 车二进四　··········

　　红方如改走炮八平七,则车1平2,车九平八,炮2进4,仕四进五,车9平2,车二进四,车2进3,双方另有攻守。

6. ·········· 　车9平6	7. 车九进一　车1进1
8. 车九平六　车1平4	9. 车六进七　车6平4
10. 仕四进五　炮2进2	11. 炮八平七　炮5平3
12. 炮五平四　象7进5	13. 相三进五　士4进5
14. 车二平八　车4进3	15. 兵三进一　炮3平2
16. 车八平四　炮2退1	17. 炮七平八　炮2进5
18. 炮四平八	

红方稍好。

第七章　五六炮过河车对缓开车

五六炮过河车对缓开车红方第 4 回合车二进六进过河车,威胁黑方左翼,是急攻型的走法,在 20 世纪 90 年代比较流行,为特级大师杨官璘、赵国荣擅长的攻法。本章列举了 3 局典型局例,分别介绍这一布局中双方的攻防变化。

第一节　红五六炮变例

第 55 局　黑高车保马对红平仕角炮(一)

1.炮二平五　炮 8 平 5 　　2.马二进三　马 8 进 7

3.车一平二　卒 7 进 1 　　4.车二进六 ·············

红方进车过河,是急攻型的走法。

4.············　马 2 进 3 　　5.车二平三　车 9 进 2

黑方高车保马,是针对红方过河车常用的战术手段。如改走炮 5 退 1,则马八进九,炮 5 平 7,车三平四,象 7 进 5,炮八平六,炮 7 平 4,车九平八,车 1 平 2,兵五进一,士 6 进 5,兵七进一,炮 4 进 2,车四退三,车 9 平 6,车四进六,将 5 平 6,炮六平七,红方优势。

6.炮八平六 ·············

红方平仕角炮,防止黑方炮 2 退 1 反击,常见的手段。

6.············　车 1 平 2

黑方出直车,加快右翼主力的出动。

7.马八进七　炮 2 平 1

黑方平炮亮车,限制红方左车直出。如改走士 4 进 5,则兵七进一,炮 2 进 4,车三退一,炮 5 平 4,车九平八,象 7 进 5,车三退一,红方易走。

8.兵七进一　炮 5 退 1(图 55)

黑方退炮准备逐车争先,灵活的走法。

如图 55 形势,红方有三种走法:(一)马七进六;(二)仕四进五;(三)车九进二。分述如下:

第一种走法：马七进六

9. 马七进六　炮5平7

黑方如改走车2进6,则仕四进五,车2平4,马六进七,炮1进4,马七退八,炮1平2,兵七进一,车4退1,兵七进一,马3退2,马八进九,炮2平7,车三平二,马2进1,兵七进一,炮5平1,兵七平八,车4退2,兵八平九,车4平1,车九平八,车1退1,车八进八,车9退1,车八平一,马7退9,车二退三,卒7进1,炮五进四,马9进7,炮五退一,红方易走。

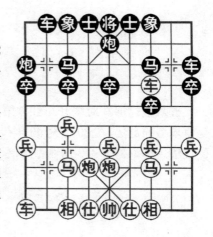

图 55

10. 车三平二　……………

红方平车外肋封锁黑方车马出路,改进的走法。如改走车三平四,则士4进5,车九进二,车9平8,车九平八(如马六进七,则炮1退1,车九平八,车2平7,炮五平八,马7进8,车四退一,车8平4,仕四进五,象3进5,相三进五,车4进4,车四退一,马8进7,黑方易走),车2进7,炮五平八,红方稍好。

10. ……………　车2进6

黑方如改走车2进5,则马六进七,车2平3,马七进九,象3进1,炮六进五,红方得象占优。

11. 仕四进五　车2平3

黑车迂回捉兵,细腻。如改走车2平4,则马六进七,炮1退1,兵五进一,炮1平3,兵七进一,红方有攻势。

12. 车九平八　车3退1　　13. 车八进七　车3平4

14. 车八平七　象7进5　　15. 车七退一　炮1进4

黑方炮打边兵,易为红方所乘,不如改走士6进5,红方如接走炮六平七,则炮7退1,炮五进四,马7进5,车二平五,炮7进6,相三进五,炮1进4,较为稳健。

16. 兵五进一　士6进5　　17. 炮六平七　……………

红方平炮侧袭,攻击弱点,紧凑。

17. ……………　炮7退1　　18. 车七退三　炮1退2

19. 兵五进一　卒5进1　　20. 车二平九　炮1平4

21. 车九平六　马7进6　　22. 炮五平六　……………

红方应改走车七进二,以下黑方有两种走法:①卒5进1,车六退一,车4退1,车七平六,车9平6(如马6进7,则炮五进五,再车六平三胜定),车六平五,马6进7,车五进一,红方胜势。②马6进7,车六退一(如误走车六进二,则士5进4,炮七进七,士4进5,炮五平九,车4平1,车七平六,炮7进1,黑方优势),车4退1,车七平六,马7进5,相七进五,炮7进7,炮七平三,卒9进1,车六进一,黑方亦难谋和。

22. ………………　卒5进1　　23.车六进二　炮4平3

黑方平炮解杀,巧着!

24.车七进二　象3进1　　25.车六退四　马6进4

26.车七退二　马4进3　　27.车七退一　卒7进1

28.相三进五　卒7进1　　29.马三退四　车9平7

双方各有顾忌。

第二种走法:仕四进五

9.仕四进五　炮5平7　　10.车三平四　马7进8

11.马七进六　………………

红方跃马窥视黑方中卒,保持复杂变化的走法。如改走车四进二,则炮7进5,相三进一,车9平6,黑方易走。

11. ………………　卒7进1

黑方如改走士4进5,则马六进五,马3进5,炮五进四,象3进5,局势相对平稳。

12.车四退一　马8进7

黑方只好进马踩兵。如改走马8进6,则兵三进一,马6进7,车四平三,车9平7,马六进马,红方易走。

13.炮五平四　士4进5　　14.马六进七　车2进3

15.兵七进一　卒7平8　　16.车四退一　车9平7

17.车四平二　马7退6　　18.车二平四　马6退5

19.马三退一　炮7进8

黑方应改走马5进3,红如接走炮六进四,则车2进3,兵七进一,马3退4,相七进五,车2平5,黑方易走。

20.马一退三　车7进7　　21.炮四退二　马5进3

22.炮六进四　车2进3　　23.兵七进一　马3退4

黑方此时应改走马3退2,以后有象3进5再马2进4的变化,攻守两利。

24.炮六平九　象3进5　　25.相七进五　车7退3

26.车九平七　车7平5　　27.车四进二　卒5进1

至此,红方虽残一相,但有兵过河助战,且黑马位置不好,形势已对红方有利。

28.兵七进一

红方易走。

第三种走法:车九进二

9.车九进二　车9平8　　10.马七进六　炮5平7

11.车三平四　士4进5　　12.车九平八　··········

红方兑车,稳健的选择。如改走马六进七,则局势相对紧张。

12.··········　车2进7　　13.炮五平八　马7进8

14.车四退二　炮1进4

黑方边炮出击与左翼各子互相呼应,并伏炮1退1拴链红方车马的手段,由此展开反击。

15.马六进七　炮1平7　　16.相七进五　车8平6

17.车四平二　··········

红方平车顶马,保持变化。如改走车四进三兑车,则士5进6,局势相对简化。

17.··········　马8退7　　18.仕四进五　卒7进1

黑方冲卒过河胁车,力争主动的走法。

19.车二进四　马7进6　　20.炮八进五　马3退2

21.炮八退三　车6平7　　22.车二退三　车7进2

23.车二进二　象3进5　　24.相三进一　后炮进2

黑方子力灵活且多卒易走。

第56局　黑高车保马对红平仕角炮(二)

1.炮二平五　炮8平5　　2.马二进三　马8进7

3.车一平二　卒7进1　　4.车二进六　马2进3

5.车二平三　车9进2　　6.炮八平六　车1平2

7.马八进七　炮2平1　　8.兵七进一(图56)　··········

如图56形势,黑方有两种走法:(一)炮5平4;(二)车2进6,分述如下:

第一种走法:炮5平4

8.··········　炮5平4

黑方卸中炮,加强防守的走法。

9.车九进二　炮4进1

黑方如改走象7进5,则马七进六,红方易走。

10.车三退一　象7进5

11.车三平六　炮4进4

12.车六退三　马7进6

13.兵三进一　车9平7

14.马七进六　…………

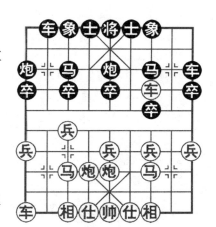

图56

红方进马邀兑,巧着;使车顺势升至巡河,占据攻守两利的要点。

14.…………　马6进4

15.车六进二　车2进5

16.车九平六　士6进5　　17.马三进四　卒3进1

黑方挺卒活马,势在必行。如改走车7进3,则马四进六,车7平4,车六进二,红方大占优势。

18.兵七进一　车2平4　　19.车六进二　象5进3

20.相三进一　炮1进4　　21.车六退一　炮1进2

22.车六进三　…………

红方先退车捉炮后再进车兵线,弈来秩序井然。

22.…………　车7平6　　23.马四退六　象3退1

24.兵三进一

红方优势。

第二种走法:车2进6

8.…………　车2进6

黑车过河,力争主动。

9.车九进二　车2平3　　10.仕四进五　卒3进1

黑方挺3卒,活通右马。如改走炮5退1,则车九平八,炮5平7,车三平四,马7进8,炮五平四,士6进5,相三进五,卒7进1,车四进二,炮1退1,炮六进六,车3平4,车四平三,卒7进1,车三进一,士5退6,炮六退六,卒7进1,车三退七,车9平6,车八进六,红方优势。

11.车三退一　炮5平6　　12.炮六退一　…………

红方退炮,准备续走炮六平七威胁黑方3路线。

12. …………　象7进5　　13. 车三退一　车3退1

14. 兵五进一　…………

红方冲中兵,准备盘中马直攻中路,正着。

14. …………　车3进1　　15. 兵五进一　卒5进1

16. 炮六平七　车3平4　　17. 马七进八　车4进2

18. 车九平七　士4进5　　19. 马三进五　炮6进6

20. 炮七进四

红方优势。

第57局　黑高车保马对红平仕角炮(三)

1. 炮二平五　炮8平5　　2. 马二进三　马8进7

3. 车一平二　卒7进1　　4. 车二进六　马2进3

5. 车二平三　车9进2　　6. 炮八平六(图57)　…………

如图 57 形势,黑方有两种走法:
(一)车1进1;(二)炮5退1。分述如下:

第一种走法:车1进1

6. …………　车1进1

黑方高车,准备左移取势。

7. 马八进七　车1平4

8. 仕四进五　车4进5

9. 车九平八　车4平3

10. 车八进二　…………

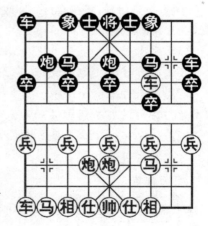

图57

红方高车保马,伏有炮五平四的攻击手段,含蓄的走法。

10. …………　卒3进1

11. 炮五平四　马7退5

12. 相三进五　…………

红方飞相求稳,可改走炮四进一,车3退1,相三进五,车3平6,炮四退三,红方易走。

12. …………　车9平6　　13. 兵三进一　卒3进1

14. 兵三进一　车3平4

黑方如改走卒 3 平 2,则车八进二,车 3 进 1,马三进二,红方弃子有攻势。

15.车八进四　卒 3 进 1　　16.马七退九　炮 2 平 1

17.车八退二　车 4 平 5　　18.马三进二

红方先手。

第二种走法:炮 5 退 1

6.…………　炮 5 退 1　　7.马八进七　炮 5 平 7

黑方退中炮然后逐车,着法积极。

8.车三平四　马 7 进 8　　9.车九平八　车 1 平 2

10.车八进五　…………

红方进车骑河,禁黑方冲 7 卒。

10.…………　车 9 平 6

黑方平车邀兑,贯彻预定计划。亦可改走卒 3 进 1,红如车八平七,则炮 7 平 3,车七平三,车 9 平 8,车四退一,马 8 退 7,车四退一,象 3 进 5,车三退一,马 3 进 2,车四平七,炮 2 平 3,车七平八,士 4 进 5,炮五平四,马 7 进 6,马七退九,马 6 退 4,相三进五,车 8 进 6,仕四进五,前炮平 2,车八平九,马 2 进 3,车九进二,炮 2 进 7,车九平六,车 2 进 8,炮四退二,马 3 进 5,黑方弃子有攻势。

11.车四平二　…………

红方平车避兑,嫌缓。应改走车四进一,炮 2 平 6,车八平三,马 8 退 9(如炮 6 平 7,则车三平二,前炮进 5,炮六平三,炮 7 进 6,马七退五,炮 7 平 6,车二平四,炮 6 平 8,炮五平三,红方优势),兵五进一,红方易走。

11.…………　马 8 进 7　　12.炮五进四　…………

红方如改走车八平三,则车 6 平 7,车三进二,炮 2 平 7,黑方易走。

12.…………　马 3 进 5　　13.车二平五　炮 7 平 5

14.仕四进五　卒 3 进 1　　15.车八进一　车 2 进 1

16.车五平六　…………

红方平车左肋,授人以隙,改走车五平四比较稳健。

16.…………　马 7 退 6　　17.车六退一　卒 7 进 1

18.兵五进一　卒 7 进 1　　19.马三退四　车 2 平 3

20.兵五进一　马 6 进 8

黑方优势。

小结:本局红方急进过河车攻法,对黑方 7 路有一定威胁,但与左翼子力有脱节之感,本局黑方采用车 1 平 2 再平炮亮车、退炮逐车,可与红方抗衡。

实战对局选例

第1局
北京付光明　先负　上海胡荣华

（1979 年 9 月 26 日于北京）

第 4 届全运会决赛

1.炮二平五　炮8平5　　2.马二进三　马8进7

3.车一平二　马2进3　　4.兵七进一　卒7进1

5.马八进七　炮2进4

形成顺炮直车对缓开车的阵势。黑方右炮过河，准备平3压马或平7打兵争先。

6.马七进六　⋯⋯⋯⋯⋯⋯

红方跃河口马控制肋道，系旧式走法。现在一般多走马七进八，较为含蓄多变。

6.⋯⋯⋯⋯⋯　炮2平7　　7.炮八平七　⋯⋯⋯⋯⋯

红方如改走车九平八，则车1平2，炮八进四，车9进1，马六进五，车2进3，车八进六，马3进5，黑方一车换马炮，取得对攻之势。

7.⋯⋯⋯⋯⋯　车1平2　　8.马六进七　炮5平4

9.兵七进一　车2进6　　10.炮七进二　炮4进5

黑方进炮捉马，扰乱红方阵势。黑方开始反击了。

11.马三退五　车9进1　　12.车九进二　车9平4

13.兵七平六（图1）　⋯⋯⋯⋯⋯⋯

红方如改走车二进四，则炮4退1，兵七平六，炮4平3，马七退六（如炮五平六，则车4平6），车2进2，仍是对攻之势，又如改走车九平七，炮4退1，兵七平六，车4进3，炮七进三，炮4平1，马五进三，车2退4，炮七进一，车4退1，黑不难走。

13.⋯⋯⋯⋯⋯　车4进3

如图1形势，黑方吃兵弃马，早已算定可以通过先弃后取的战术夺得反先之势。

14. 炮七进三　车 2 退 3

15. 车九平七　车 4 退 1

16. 车二进四　·········

红方应改走炮七平四,车 2 平 3,炮四退一,车 3 进 4,马五进七,要比实战走法为好。

16. ·········　车 2 平 3

17. 炮七平四　炮 4 进 1

18. 车七进四　车 4 平 3

19. 车二平六　炮 4 平 2

20. 兵九进一　象 7 进 5

21. 炮四退一　车 3 进 3

22. 车六进一　车 3 平 5

黑方车吃中兵,为取胜积攒物质力量。

23. 车六平三　炮 2 退 6　　24. 炮五平四　车 5 平 3

25. 后炮进一　炮 7 平 8　　26. 后炮平三　马 7 退 5

27. 车三进一　炮 2 进 3　　28. 车三退二　炮 8 退 2

黑方退炮欲强镇中炮,使红马难以摆脱牵制,紧凑有力之着。

29. 车三平八　车 3 平 7　　30. 车八平五　炮 8 平 5

31. 相七进五　象 5 退 7

黑方退象使中马脱颖而出,红方已难抗衡了。

32. 炮四平九　马 5 进 4　　33. 车五平六　车 7 平 6

34. 炮九平五　车 6 退 3

红如续走车六进二,则将 5 进 1 再平 6 绝杀。黑胜。

胡荣华

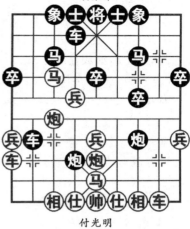

付光明

图1

第 2 局

北京蒋川　先胜　吉林陶汉明

(2004 年 11 月 23 日于北京)

2004～2005 年"奇声电子杯"象棋超级排位赛

1. 炮二平五　炮 8 平 5　　2. 马二进三　马 8 进 7

3. 车一平二　马 2 进 3　　4. 马八进七　卒 7 进 1

5.兵七进一　　炮2进4　　6.马七进六　　炮2平7

7.车九平八　　车9进1　　8.炮五平七　　………………

红方炮五平七,又是一步"新着"。以往一般多走炮八平七,车9平4,马六进七,车4进2,演成互缠之势。

8.………………　　车1平2　　9.相三进五　　车9平4

黑方如改走车9平2,则炮八进七,车2进8,炮八平九,车2退9,车二进三,也是红方易走。

10.车二进四　　车2进6　　11.仕四进五　　马3退1

黑方退马,有嫌缓慢。可考虑改走炮7退1,红如接走马六进七,则车2平3,炮七平六,车4进2,黑可对抗。

12.炮七平六　　车4平6　　13.车二退一　　卒7进1

14.相五进三　　车6进4　　15.马六退五　　车6平7

16.车二平三　　车7进1　　17.马五进三　　………………

以上几个回合,红方弃相谋得一子,采取了先得实利的走法。

17.………………　　炮5平2　　18.炮六平四　　炮2进5

19.前马退五　　炮2进1　　20.炮四退一　　炮2退1

21.车八进一　　车2退3　　22.马三进四　　炮2退3(图2)

23.马四进六　　………………

如图2形势,红方进马捉车,逼黑方弃卒进行交换,由此取得多兵和兵种齐全的残局优势,是简明有力的走法。

陶汉明

23.………………　　卒3进1

24.兵七进一　　炮2平4

25.兵七平八　　车2进5

26.炮四平八　　马1进2

27.马五进七　　马7进6

28.兵五进一　　象7进5

29.炮八平九　　马2进3

30.炮九进五　　马3进1

31.炮九平一　　………………

经过一番转换,演成马炮三兵单缺相对双马卒士象全的残棋,红方净多二兵,优势更趋扩大了。

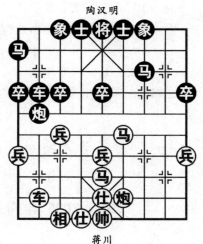

蒋川

图2

31. ………… 士6进5　　32.炮一平四　马6进7

33.兵六进一　马7退8　　34.兵六平五　马8进9

黑方当然不能马8退6踩炮,否则形成马三兵必胜马士象全的残棋。

35.马七进六　马9退8　　36.炮四退三　马1退3

37.相七进五　马3退1　　38.马六进八　马1退2

39.炮四平八　马2退1　　40.后兵进一　…………

红方先逼退黑马再冲兵过河,走得十分紧凑得法。

40. ………… 马8进6　　41.炮八平四　马1进2

42.后兵平四　马6进4　　43.相五退七　马4退3

44.兵四进一　马3退4　　45.马八退六　马2进3

46.兵五进一　马4进5

红方冲兵破象,向黑方九宫发起攻击。黑如接走象3进5,则马六进五,黑方也难以招架红方马炮兵的联合攻击。

47.炮四退二　马5进7　　48.兵五进一　士4进5

49.仕五进六　马3进2　　50.仕六进五　马2退4

51.炮四进三

至此,形成马炮兵单缺相可胜双马单士象的残棋,余着从略。

第3局

大连陶汉明　先负　广东吕钦

(1988年9月15日于呼和浩特)

全国象棋个人赛

1.炮二平五　炮8平5　　2.马二进三　马8进7

3.车一平二　卒7进1　　4.马八进七　马2进3

5.兵七进一　炮2进4　　6.马七进八　…………

形成顺炮直车对缓开车的阵势。红方外肋马封车谋求多变,常见的走法。

6. ………… 车9进1　　7.车九进一　车9平4

8.仕四进五　…………

红方补仕,稳健的走法。

8. ………… 炮2平7　　9.车九平七　车4进1

黑方车4进1,预作防范,坚守待变的走法,如改走象3进1,则兵五进一,红方主动。

10.炮五平六 ‥‥‥‥‥

红方卸炮,求变。不如改走兵七进一,卒3进1,车七进四,炮5退1,车二进八,较易展开攻势。

10.‥‥‥‥‥	卒1进1	11.相三进五	炮5退1
12.兵七进一	卒3进1	13.车七进四	象3进5
14.车七退一	炮5平3	15.车七平四	士4进5

16.炮八平九 ‥‥‥‥‥

红方如改走车二进三,则炮7平1,车二进四,卒1进1,车二平三,卒1平2,车四平八,双方大体均势。

16.‥‥‥‥‥	车1平2	17.炮九平八	车2平3
18.炮八平七	炮3进6	19.马八退七	马3进2
20.车二进三	车3进7	21.车二平三	马2进1
22.车四平八	车4进4	23.车三平四	马1退3

24.车八进五 ‥‥‥‥‥

红方如改走车八平七,则车3退2,马三进四,车2平3,红方白失一车。

24.‥‥‥‥‥	士5退4	25.马三进四	马3进4

26.帅五平四 ‥‥‥‥‥

红方出帅,正着。如改走仕五进六,则车4进1,黑方稳占优势。

26.‥‥‥‥‥	车4退4	27.马四进五	士6进5
28.马五进三	象5退3	29.马三进一	‥‥‥‥‥

自投罗网,应改走马三退五。

29.‥‥‥‥‥	象7进9	30.车八退三	车4平8
31.仕五进六	车3平4	32.帅四平五	车8进7
33.车四退三	车8退8	34.车八平一	车8平9(图3)

35.车一平九 ‥‥‥‥‥

如图3形势,红方平车瞄边卒,嫌缓。应改走车四进六双车联手,以后待中兵或边兵渡河靠死7卒,较易求和。

35.‥‥‥‥‥	车9平8	36.车九退一	车8进7

37.车四进二 ‥‥‥‥‥

红方应改走车九退三,要比实战走法为好。

37.‥‥‥‥‥	卒7进1

38. 车九退一　　卒7进1

39. 车九平四　　车8平4

40. 仕六进五　　后车平3

41. 前车平七　　车3平2

42. 兵一进一　……………

红方挺边兵,随手。应改走帅五平四,黑如车2退5,则车七平五,象3进5,车四进六,车4退4,车五平三,仍可守和。

吕钦

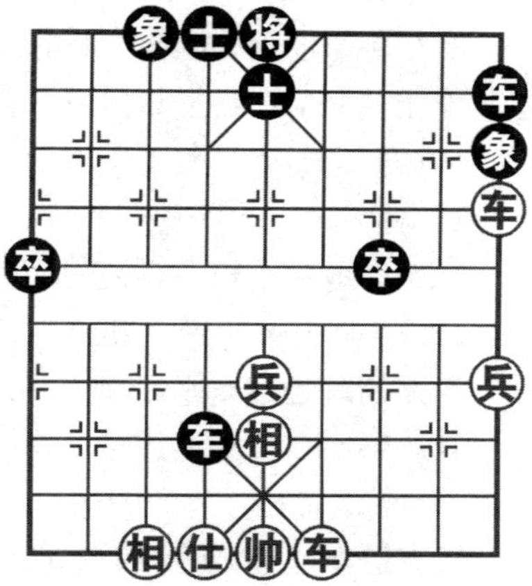

陶汉明

图3

42. …………　　象3进5

43. 兵一进一　　车2进1

44. 仕五退四　　车2退1

45. 仕四进五　　士5退6

46. 车七平九　　车2进2

47. 车九平七　　车2退1

48. 仕五退四　　车2退1

49. 车七平四　　士4进5

50. 相五进七　　车2进1

51. 后车平五　……………

红方如改走后车平七,则将5平4,红亦难应。

51. …………　　车4平3

52. 车五平六　　车3进1

53. 车六退二　　车3退3

54. 相七退五　　卒7进1

55. 仕四进五　　卒7进1

56. 车六平九　　士5退4

57. 车九平七　　车3平5

58. 车七进二　　车5平9

黑胜。

第4局

河北李来群　先胜　上海胡荣华

（1989年9月2日于北京）

第2届棋王挑战赛

1. 炮二平五　　炮8平5

2. 马二进三　　马8进7

3. 车一平二　　卒7进1

4. 马八进七　　马2进3

5. 兵七进一　　炮2进4

6. 马七进八　　车9进1

7. 车九进一　　车9平4

8. 仕四进五　　炮2平7

9. 车九平七 车4进3

黑方高车巡河,不如改走炮5退1含蓄多变。红如续走兵七进一,则卒3进1,车七进四,车4进1,黑可抗衡。

10. 马八进七 车1平2　　11. 兵七进一 车4进2

12. 炮八进三 ⋯⋯⋯⋯

红方进炮封车窥卒,妙手!

12. ⋯⋯⋯⋯ 卒7进1

黑方如改走炮5平4,则炮八平三,也是红方易走。

13. 车七进三 车4平3　　14. 车七平三 车3退2

15. 车三退一 ⋯⋯⋯⋯

红方退车吃炮,正确的选择。如改走车三进三,则炮7平1,马七进五,象3进5,黑不难走。

15. ⋯⋯⋯⋯ 车3退1　　16. 炮八平三 ⋯⋯⋯⋯

红方平炮攻象,为在黑方右翼集中兵力展开攻势创造了有利条件。

16. ⋯⋯⋯⋯ 马7进6　　17. 车三进一 ⋯⋯⋯⋯

红方升车占据要道,攻守兼备之着。

17. ⋯⋯⋯⋯ 车3平4　　18. 车三平四 马6进4(图4)

19. 车二进九 ⋯⋯⋯⋯

如图4形势,红方沉车攻象,一击中的!令黑方防不胜防。

19. ⋯⋯⋯⋯ 车2进4

20. 车二平三 士4进5

21. 车三退三 车4退1

黑方退车,亦属无奈。如改走马4进5,则相三进五,将5平4,车四平七,红亦大占优势。

22. 炮三退一 马4进2

23. 车四平七 将5平4

24. 车七退一 ⋯⋯⋯⋯

红方退车别马,攻不忘守。如改走车三平五,则车4进7,仕五退六,马2进4,帅五平四,马3进5,车七进五,将4进1,车七退一,将4进1,红有麻烦。

胡荣华

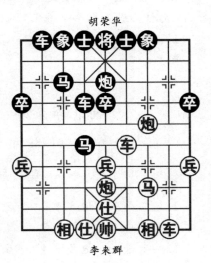

李来群

图4

-128-

24. ………… 象3进1　　25. 车三平五　炮5平7

26. 车五平七　车2平3　　27. 炮五平六　将4平5

28. 炮三平五　…………

红方乘势镇住中炮,已牢牢地控制住了局面。

28. ………… 炮7平5　　29. 后车进二　象1进3

30. 马三进二　马2进4　　31. 仕五进六　车4进3

32. 帅五平四　马3退1　　33. 车七平九　马1退3

34. 车九进三　车4退5　　35. 马二进一

红方净多三兵一相,黑方难以抗衡,遂停钟认负。

第5局

江苏徐天红　先胜　湖南张申宏

(1998年12月18日于深圳)

全国象棋个人赛

1. 炮二平五　炮8平5　　2. 马二进三　马8进7

3. 车一平二　卒7进1　　4. 马八进七　马2进3

5. 兵七进一　炮2进4　　6. 马七进八　车9进1

7. 车九进一　车9平4　　8. 仕四进五　炮2平7

9. 车九平七　象3进1

黑方飞边象防止红方兵七进一争先,并间接活通底车。

10. 相三进一　炮7平1

黑方炮打边兵左炮右移,使得左马易受攻击。不如改走车4进5或车4进3为宜。

11. 车二进六　马7进6　　12. 车七进二　炮1进3

13. 车二平四　马6进7　　14. 车四退三　炮5平7

黑方卸炮保马,造成中路空虚受攻。不如改走马7退8,委曲求全为宜。

15. 兵五进一　士4进5　　16. 兵五进一　车1平4

17. 兵五进一　马3进5(图5)　　18. 炮八平六　前车进6

如图5形势,以上几个回合,红方抓住黑方中路空虚的弱点,猛冲中兵直攻中路,扩大了先手。这着平炮打车,一击中的! 逼使黑方弃车砍炮一搏,黑如逃车,则车七平五,黑亦难应。

19. 仕五进六　　车 4 进 7
20. 帅五进一　　车 4 进 2
21. 马八进七　　车 4 退 6
22. 马七进八　　车 4 退 2
23. 车七平八　　马 7 进 9
24. 车四平六　　…………

张申宏

图 5

徐天红

红方兑车,减少黑方反击的可能性,走得十分老练。至此,红方多子占先,已是胜利在望。

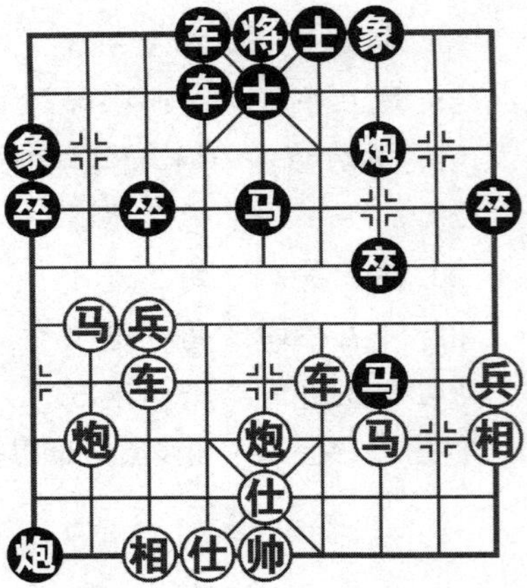

24. …………　　车 4 平 3
25. 马三进四　　炮 7 平 5
26. 马四进五　　马 9 进 7
27. 炮五进五　　象 7 进 5
28. 马五进三　　卒 7 进 1　　29. 马三退四　　卒 7 平 6
30. 马四进六

红方进马,最后一击!黑如续走车 3 进 1(如车 3 平 4 或车 3 退 1,则马六进四抽车),则车八进四,红方胜定。

第 6 局

中国澳门李锦欢　先负　越南阮成保

(2011 年 5 月 21 日于江苏淮安)

第三届"淮阴·韩信杯"象棋国际名人赛

1. 炮二平五　炮 8 平 5　　2. 马二进三　马 8 进 7
3. 车一平二　卒 7 进 1　　4. 兵七进一　马 2 进 3
5. 马八进七　炮 2 进 4　　6. 马七进八　车 9 进 1
7. 车九进一　车 9 平 4　　8. 仕四进五　炮 2 平 7
9. 车九平七　象 3 进 1　　10. 兵五进一　…………

红方如改走马八进七或相三进一,双方另有攻守。

10. …………　士 4 进 5　　11. 车七进二　…………

红方如改走马八进七,局面更为复杂多变。

11. …………　卒 7 进 1　　12. 马八进七　…………

红方如改走相三进一,则车1平4,相一进三,前车进5,车七平六,车4进6,黑方足可一战。

12.·········· 车4进2

黑方进车逼马,正着。如改走车1平4,则马七进五,象7进5,相三进一,前车进5,车七平六,车4进6,相一进三,红方易走。

13.马七退八 ··········

红方退马有嫌软弱,不如改走兵七进一较为多变。

13.·········· 车1平4 14.兵七进一 炮5进3

15.帅五平四 ··········

红方如改走马八退七,则前车进3,黑方易走。

15.·········· 前车进2 16.马八进七 象1进3

17.车七进二 后车进4 18.车七退三 前车进1

19.炮八进二 ··········

红方应直接走车七进二较好。

19.·········· 前车平6 20.帅四平五 车6平4

21.帅五平四 前车平6 22.帅四平五 车6平4

23.帅五平四 马7进6

黑方马7进6,强手!

24.车七进二(图6) 马6退4

如图6形势,黑方"回马金枪"暗伏抽车,保住中炮,由此顺利展开攻势。

25.车七退二 炮7平1

黑方炮击边兵,红方防不胜防。

26.车二进七 后车平6

27.帅四平五 ··········

红方如改走炮五平四,则卒7进1,马三退二,炮1平3,红方也难应付。

27.·········· 炮1进3

黑方可走车6进3,红方立即崩溃。

28.马三进五 车4平5 29.炮五进二 车6进4

30.炮八退四 马4进5 31.车二平七 车5平7

32.相三进一 炮1平3 33.后车退二 马5进4

阮成保

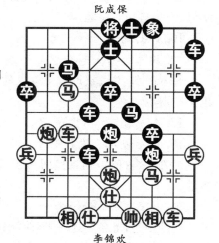

李锦欢

图6

34. 仕五进六　车7平8

黑方连弃马炮形成绝杀,杀着精彩!

35. 前车进二　士5退4　　26. 前车平六　将5进1

黑胜。

第7局
广东吕钦　先胜　吉林陶汉明

(2002年10月28日于杭州)

"西湖杯"全国象棋精英赛

1. 炮二平五　炮8平5　　2. 马二进三　马8进7

3. 车一平二　马2进3　　4. 兵七进一　卒7进1

5. 马八进七　炮2进4　　6. 马七进八　车9进1

7. 车九进一　车9平4　　8. 仕四进五　炮2平7

9. 车九平七　卒7进1

黑冲7卒,准备使用弃子争先的战术来与红方抗争。如改走车4进1,加强防范,则局势相对稳健。

10. 兵七进一　卒3进1　　11. 车七进四　车4进4

12. 马八退七　车4进1

黑方进车,继续贯彻弃子争先的战术意图。如改走车4退3,则车七退一,也是红占主动。

13. 车七进二　车4平3　　14. 车七退四　炮7平3

15. 相七进九　炮5平3

黑方平炮打马,准备追回一子,正着。如改走车1平2,则兵五进一,红占主动。

16. 兵五进一　………

红冲中兵,准备弃还一子,保持先手。如改走相九进七,则卒7进1,马三退四,车1平2,黑方弃子占势不难走。

16. ………　后炮进5　　17. 车二进三　后炮平7

18. 马三进五　炮3退1　　19. 兵五进一　车1平2

20. 炮八平七　士4进5(图7)　　21. 车二退一　………

如图7形势,红方退车看似笨拙,实则是吕钦改进后的含蓄有力之着。这

之前曾有人走:车二进三,炮3退3,车二进
一,象3进5,马五进三,车2进6,兵五进
一,马7进5,马三进五,马5进7,车二退
一,炮3平5,以下红不能走炮五进四打炮,
否则马7退5,车二平五,炮7平5,黑方得
车,立成和棋之势。

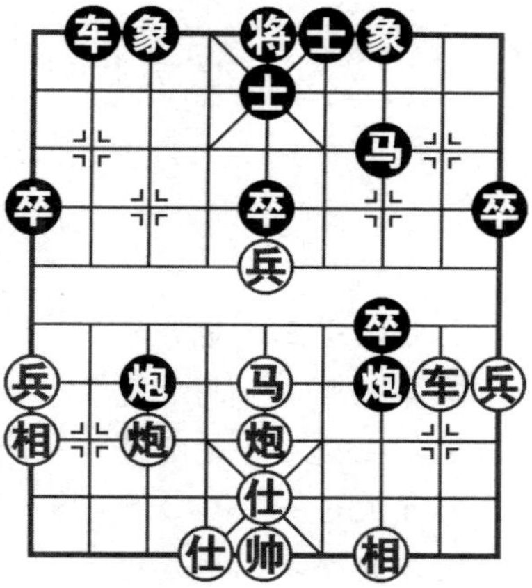

陶汉明

图7

吕钦

21.………… 卒5进1

22.马五进三 象3进5

黑如改走卒5进1,则马三进四,也是
红占主动。

23.车二进四 马7进6

24.车二平四 炮3退2

25.马三进五 炮7平5

26.帅五平四 车2平4　　27.马五退七 车4进4

黑方进车保马,正着。如改走炮3进3,则车四退一,红方兵种齐全且子力
占位好,易走。

28.炮七进三 车4平3　　29.马七进五 马6进8

黑方马6进8,失算。应改走马6进7瞄红中炮,红如接走车四退三,则马7
进8,帅四进一,炮5退1,车四平二,将5平4,车二退二,炮5平2,车二进四,炮
2退1,黑方可以先弃后取找回一子成和。

30.帅四进一 车3平4　　31.马五退三 车4进2

32.车四平九 马8进7　　33.马三进二 …………

红马袭槽,其势锐不可当,黑方难以招架了。

33.………… 将5平4　　34.炮五平六 士5进4

35.车九平三 马7退6　　36.车三平四 马6退4

37.车四进三 将4进1　　38.车四退一 将4退1

39.车四退五 车4平1　　40.车四进二 车1退2

41.马二进三 炮5退3　　42.车四平五

黑如逃炮,则红可马三退四得子胜定。

第 8 局
北京蒋川　先胜　吉林陶汉明

（2005 年 11 月 4 日于太原）

全国象棋个人赛

1. 炮二平五　炮 8 平 5 　　2. 马二进三　马 8 进 7

3. 车一平二　马 2 进 3 　　4. 马八进七　卒 7 进 1

5. 兵七进一　炮 2 进 4 　　6. 马七进八　车 9 进 1

7. 车九进一　车 9 平 4 　　8. 仕四进五　炮 2 平 7

9. 车九平七　炮 5 退 1

黑方退窝心炮，预作防范。红如接走兵七进一，则卒 3 进 1，车七进四，车 4 进 1，车二进八，象 3 进 5，车七进一，车 1 进 1，黑可对抗。

10. 车二进八　车 1 进 1 　　11. 相三进一　卒 7 进 1

12. 兵五进一　…………

红先飞相，再冲中兵，可谓"次序井然"，可以减少黑方的反击变化。

12. …………　炮 5 进 4 　　13. 车二平六　车 1 平 4

14. 车七进二　…………

红方升车抢占兵线，紧要之着。如改走相一进三，则象 7 进 5，马八进七，车 4 进 5，黑方易走。

14. …………　象 7 进 5 　　15. 马八进七　马 7 进 8

16. 相一进三　车 4 平 7

黑方平车捉相，对己方的局面判断过于乐观。应改走车 4 进 3 占据巡河，黑方可以对抗。

17. 车七平五　炮 5 平 6

黑方如改走炮 5 进 2，则相七进五，车 7 进 3，炮八平七，虽仍是红方优势，但是要比实战走法为好。

18. 兵七进一　…………

红兵乘机渡河，形势愈趋有利了。

18. …………　车 7 进 4（图 8）

黑车吃相，只好如此。否则红方炮八进三打马，黑要丢子。

19. 马七进五　…………

如图 8 形势,红方弃马踏象,打开黑方防御大门,甚有胆识! 加快了取胜速度。

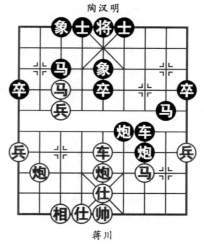

陶汉明

蒋川

图 8

19. ………… 象 3 进 5

20. 兵七进一　炮 6 退 3

黑如逃马,则车五进三,红方攻势强大,黑难招架。

21. 兵七进一　车 7 平 2

22. 炮八平六　士 6 进 5

23. 兵七进一　炮 6 退 1

24. 车五进三　马 8 进 6

黑方进马捉双,试探红方应手。如改走炮 6 平 3,则车五平二,红方得子胜定。

25. 炮五进五　士 5 进 6

26. 车五退三　炮 7 退 6

黑方如改走马 6 进 8,则炮六退一,红亦胜势。

27. 马三进四　车 2 平 6　　28. 兵七平六　炮 7 进 9

黑方如改走将 5 平 6,则车五平三,炮 7 进 5,相七进五,红亦胜定。

29. 兵六平五

黑如接走将 5 进 1,则炮五平六杀;又如改走将 5 平 6,则兵五平四,红亦多子胜定。

第9局

江苏徐健秒　先负　上海胡荣华

(1988 年 9 月 17 日于呼和浩特)

全国象棋个人赛

1. 炮二平五　炮 8 平 5　　2. 马二进三　马 8 进 7

3. 车一平二　卒 7 进 1　　4. 马八进七　马 2 进 3

5. 兵七进一　炮 2 进 4　　6. 马七进八　车 9 进 1

7. 车九进一　车 9 平 4　　8. 车九平七　…………

红方也可改走仕四进五,炮 2 平 7,车九平七,双方另有攻守。

8. …………　车 4 进 6　　9. 炮八平九　…………

红方如改走炮八退一,则炮2进1,红方无便宜可占。

9.⋯⋯⋯⋯　　车4退5

黑方退车,预作防范,防止红方强渡七兵,这是特级大师胡荣华的新变着。

10.车七进二　⋯⋯⋯⋯

红方进车捉炮,嫌软。不如改走车二进四,炮2平7,相三进一,保留较多变化为宜。

10.⋯⋯⋯⋯　　炮2进3　　11.马八退七　炮2平1

12.车二进一　车1平2　　13.车二平九　炮1退2

14.相七进九　车2进4　　15.车九平四　车4进2

16.车四进五　马7进8

红方右车左移兑炮,已失先手。七路车进退无路,乃一大弱点。

17.车四平三　马8进7　　18.相九退七　⋯⋯⋯⋯

同样加强中路防守,应改走仕四进五为宜。

18.⋯⋯⋯⋯　　车2进4　　19.仕四进五　车2平3

20.炮五平四　车3进1

黑方进车吃相,削弱红方的防御力量。

21.车三进三　车4平6　　22.车三退三　士6进5

23.车三进三　士5退6　　24.车三退五　卒5进1

黑方冲卒准备弃马,在中路强行突破,深晓用兵之道。

25.车三平七　卒5进1　　26.车七进一　卒5平4

27.炮四平六　⋯⋯⋯⋯

红方如改走兵七进一,则士6进5,兵七平六,车6进3,车七平五,车6进1,也是黑方优势。

27.⋯⋯⋯⋯　　士6进5　　28.前车退二　车6进3

29.马三退四　车6平4　　30.车七平三　卒4进1

31.车七平八　车3退2

32.车三退二(图9)　⋯⋯⋯⋯

红方应改走马四进五,马7进5,仕五进六,马5进4,帅五平四,士5退6,车八平六,车3进2,红虽劣势,但尚可周旋。

32.⋯⋯⋯⋯　　车4进2

如图9形势,黑方弃车,采用"三进卒"杀法,干净利落;弈来煞是精彩好看!

33.帅五平六　车3进2　　34.帅六进一　炮5平4

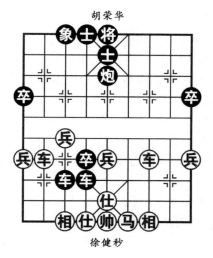

胡荣华

徐健秒

图 9

35.仕五进六　车 3 退 1　　36.帅六退一　卒 4 进 1

37.帅六平五　卒 4 进 1

绝杀,黑胜。

第 10 局

北京蒋川　先胜　四川李艾东

（2008 年 5 月 28 日于北京）

全国象棋甲级联赛

1.炮二平五　炮 8 平 5　　2.马二进三　马 8 进 7

3.车一平二　卒 7 进 1　　4.马八进七　马 2 进 3

5.兵七进一　炮 2 进 4　　6.马七进八　车 9 进 1

7.车九进一　车 9 平 4　　8.车九平七　车 4 进 6

9.炮八平九　车 4 退 4

黑方退车,扼守卒林要道。也可考虑改走炮 2 进 3,仕四进五,车 4 平 2,马八退七,车 2 退 3,黑方也可对抗。

10.仕四进五　炮 2 平 7　　11.马八进七　炮 5 退 1

黑方如改走车 4 平 3,则兵七进一,车 3 平 4,兵七进一,车 4 退 1,兵七进一,炮 5 平 3,兵五进一,红占主动。

12.兵七进一　车1平2　　13.车七进三　车2进7

黑方进车管炮,力争主动的走法。如改走炮5平3,则局势相对稳健。

14.炮五平六　马7进6　　15.相三进五　车4进2

黑方进车邀兑,正着。如改走马6进5,则车七平四,下伏车二平四的手段,红方优势。

16.车二平四　车4平3　　17.相五进七　马6退7

18.车四进八　车2平3

黑方平车捉相,失算;可考虑改走炮5平1,红如接走车四平七,则马7退5,要比实战走法为好。

19.相七进五　炮5平1　　20.车四退一　象3进5

黑方飞象避捉,有嫌消极;可考虑改走炮1平2,红如接走车四平七,则炮2进8,相五退七,车3进2,车七平八,炮2平1,马七进八,士6进5,黑方虽少一子,但有先手,可以一战。

21.马七进九　　·········

红马袭槽,争先夺势的有力一着。

21.·········　马3退2　　22.马九进七　马2进4

23.车四退四　卒7进1　　24.兵五进一　象5进3

25.车四平六　将5进1　　26.相五进三　马7进8

27.相三退五　象7进5　　28.炮九进四　炮7平1

29.相七退九　前炮退2

30.炮九平八　车3平2

31.相九退七　卒9进1

32.炮六进六　后炮平4(图10)

33.车六平九　　·········

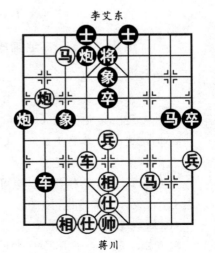

李艾东

蒋川

图10

如图10形势,红方平车捉炮,准确一击,顿令黑方难以招架了。黑如接走炮1退3(如车2退3,则马七退六),则马七退六,将5退1,炮八平五,红方得子胜定。

33.·········　炮4进3

34.马七退六　将5平4

35.炮八平五　马8退7

36.炮五平三　炮4平7

37. 车九平六　车 2 退 2　　38. 马三进五　炮 1 退 2

39. 兵五进一　炮 1 平 4　　40. 车六平九　士 4 进 5

41. 马五进三　炮 4 平 3　　42. 相七进九　炮 3 平 1

43. 车九平二　将 4 退 1　　44. 兵五平四　…………

平兵捉死炮,红方得子,加快了胜利步伐。

44. …………　车 2 平 4　　45. 马六退八　车 4 退 2

46. 兵四平三　象 5 进 7　　47. 马八进九　象 3 退 1

48. 马三进一

黑方少子不敌,遂停钟认负。

第 11 局

江苏徐天红　先胜　河北李来群

（1992 年 1 月 14 日于广州）

第 12 届"五羊杯"全国象棋冠军赛

1. 炮二平五　炮 8 平 5　　2. 马二进三　马 8 进 7

3. 车一平二　卒 7 进 1　　4. 马八进七　马 2 进 3

5. 兵七进一　炮 2 进 4　　6. 马七进八　炮 2 平 7

黑方平炮打兵,是特级大师李来群常用的走法。一般多走车 9 进 一,车九进一,车 9 平 4,仕四进五,炮 2 平 7,双方另有不同攻守。

7. 车九进一　车 9 平 8

黑方兑窝车,是平炮打兵的后续手段。如改走士 4 进 5,则车九平六,也是红方持先。

8. 车二进九　炮 7 进 3　　9. 仕四进五　马 7 退 8

10. 车九平六　士 4 进 5

黑方补士,防止红方进车捉马。如改走车 1 进 1,则车六进六,车 1 平 8,车 六平七,炮 7 平 9,马八进七,士 6 进 5,炮八进七,将 5 平 6,车七进二,红占 主动。

11. 车六进三　马 8 进 7　　12. 马三进四　马 7 进 6

13. 车六进一　卒 7 进 1　　14. 车六平四　卒 7 平 6

15. 车四退一　炮 7 平 9

黑可改走炮 5 进 4,红如车四平三,则炮 7 平 9,车三进五,炮 5 退 1,要比实战走法为好。

16.炮八平七　车1进2　　17.马八进七　车1平2(图11)

18.马七退六　…………

如图11形势,红方回马,以退为进;既可牵制黑方3路马,又可威胁黑方中路,是迅速扩大先手的灵活之着。

李来群

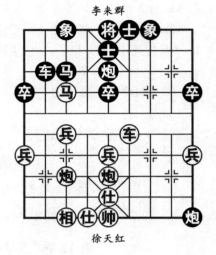

徐天红

图 11

18.…………　　炮5进4

19.帅五平四　象3进5

20.马六进四　马3进4

21.车四平六　车2进4

黑方防守极其困难,遂进车弃子力求一搏。

22.车六进一　炮5平1

23.炮七平九　车2平6

24.仕五进四　炮1平9

25.车六平八　士5退4

26.炮九平八　车6平8　　27.马四进六　车8进3

28.帅四进一　车8退1　　29.帅四退一　车8进1

30.帅四进一　车8平4　　31.马六退五　…………

红方退马迂回前进,老练的走法。

31.…………　　车4退1　　32.仕四退五　后炮平5

33.马五进四　车4平5　　34.帅四退一　车5进1

35.帅四进一　车5退1　　36.帅四退一　车5进1

37.帅四进一　炮5平6　　38.马四进三　炮6退5

39.车八进三　炮9平6　　40.炮八退二　…………

红方退炮打车再得一子,加快了胜利步伐。

40.…………　　车5平3　　41.炮八平四　士6进5

42.炮四进八

红方多子胜定。

第12局
江苏徐天红　先胜　上海浦东蒋志梁

（1998年3月28日于昆明）

全国象棋团体赛

1. 炮二平五　炮8平5　　2. 马二进三　马8进7
3. 车一平二　卒7进1　　4. 兵七进一　炮2进4
5. 马八进七　马2进3　　6. 马七进八　炮2平7
7. 车九进一　车9平8　　8. 车二进九　炮7进3
9. 仕四进五　马7退8　　10. 车九平六　士4进5
11. 车六进三　炮5平6　　12. 兵五进一　…………

针对黑方卸中炮,红方及时挺进中兵攻击黑方中路,攻击点十分准确。

12. …………　马8进7　　13. 兵五进一　卒5进1
14. 马八进七　炮6平5　　15. 炮八平七　炮5进5
16. 相七进五　炮7平9　　17. 马七退五　马3进5
18. 马三进四　车1进2(图12)

19. 炮七进一　…………

如图12形势,红方升炮助攻,走得十分老练,是迅速取胜的紧要之着。如即走车六进二,则车1平6,红要取胜需费周折。

19. …………　车1平2
20. 车六进二　车2进2
21. 马四进五　马7进6

黑方如改走车2平5,则马五进三,红方多子胜定。

22. 兵七进一　…………

红方弃兵,巧妙地打破了黑方先弃后取的战术计划,多子稳操胜券。黑如接走车2平3,则车六进三,然后再回马吃车,红方多子胜定。

蒋志梁

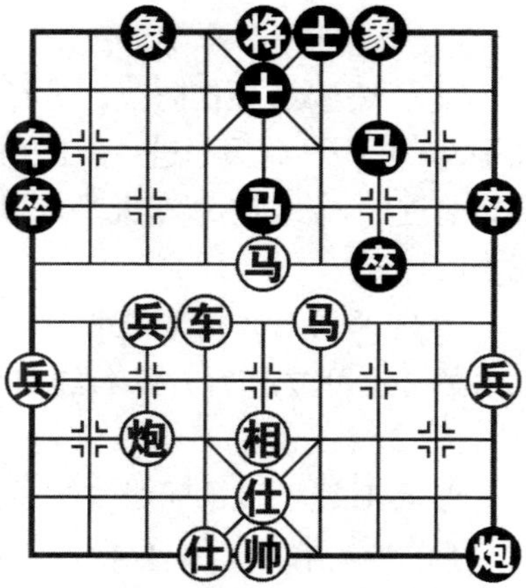

徐天红

图12

22. …………　车2退2　　23. 车六退三　车2平8
24. 仕五进四　炮9退2　　25. 车六平四　车8进7

26. 帅五进一　车8退1　　27. 帅五进一　炮9平5

28. 前马进七　车8平3　　29. 车四平六

红方平车,下伏车六进六,士5退4,马五进四的杀棋,黑难解救,遂停钟认负。

第13局

江苏徐天红　先胜　河北李来群

(1989年4月21日于常州)

第2届"后肖杯"象棋大师精英赛

1. 炮二平五　炮8平5　　2. 马二进三　马8进7

3. 车一平二　卒7进1　　4. 马八进七　马2进3

5. 兵七进一　车1进1

形成顺炮直车对缓开车的阵势。黑方高横车,迅速开动右翼主力。如改走炮2进4,马七进八,车9进1,车九进一,车9平4,仕四进五,双方另有攻守。

6. 炮八进一　…………

红方高左炮准备平七助攻,是比较含蓄的一种走法。

6. …………　象3进1

黑方飞边象,预作防范。另有两种走法:①车1平6,炮八平七,车6进6,车九平八,车6平7,兵七进一,红方弃子占势易走。②车1平4,炮八平七,车4进5,炮七进三,象3进1,车九平八,炮2进4,兵七进一,象1进3,车二进四,红方先手。

7. 炮八平七　炮2进4

黑方也可改走车1平4,红如车九平八,则车4进5,炮七进三,炮2进4,黑可对抗。

8. 兵七进一　象1进3　　9. 车二进四　车9进1

10. 车九平八　车1平2　　11. 兵三进一　…………

红方兑兵,虽可活通右马,但三路线开放后也给了黑方利用的机会。不如改走车二平六,下伏进车攻马的手段为宜。

11. …………　马7进6　　12. 炮七进三　…………

黑方跃马河口,准备弃卒争先。红如接走兵三进一,则马6进5,马三进五,炮2平5,仕六进五,车2进8,马七退八,车9平4,黑方易走。

12.………… 卒7进1

黑方也可改走车9平7,红如车二进一,则炮5平7,黑势不错。

13.车二平三 车2平7

黑方右车左移邀兑,正着。如改走车9平7,则车八进三,车7进4,车八进五,车7进2,车八平七,红方优势。

14.车三平四 …………

红方如改走车三进四,则车9平7,马三进四,炮2平9,马四进六,炮9进3,黑有攻势。

14.………… 车7进6 15.车八进三 车7退3

16.马七进六 马6进4 17.车四平六 士6进5

黑方补士嫌软,应即走炮5平7为宜。

18.炮五平七 …………

红方卸炮,攻守两利之着。

18.………… 炮5平7 19.相七进五 象7进5

黑方如改走象3退5,则车六平七,下伏前炮平八的手段,也是红方优势。

20.前炮平八 车9平6

21.仕六进五 车6进7

22.相三进一 车6退2(图13)

23.车六进四 …………

如图13形势,红方进车下二路,伏有车六平七等多种攻击手段,由此,红方双车双炮开始发起攻击,令黑方难以应付。

23.………… 将5平6

24.炮七进五 炮7平3

25.炮八进三 将6进1

26.炮八退一 炮3退2

27.车八平六 …………

红方应改走车八进三,下伏车八平七的手段,较为紧凑有力。

27.………… 象3退1 28.后车平八 将6退1

黑方应改走车7平3,较为顽强。

29.炮八进一 将6平5 30.车八进四 车6退4

李来群

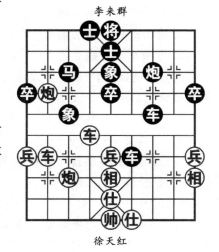

徐天红

图13

31. 炮八平九　车7平3　　32. 相一退三　象5进7

黑方限时紧张,飞象试图兑车解脱困难。如改走车3退1,则车八平九,卒5进1,车九进一,车6退1,帅五平六,黑亦难应。

33. 车八平四　士5进6　　34. 车六进一　将5进1

35. 车六平五　将5平6　　36. 车五退三　卒9进1

37. 兵九进一

黑方超时判负,否则缺兵少士也难抗衡。

第14局

湖北李智屏　先负　吉林洪智

(1999年4月19日于福建漳州)

全国象棋团体赛

1. 炮二平五　炮8平5　　2. 马二进三　马8进7

3. 车一平二　卒7进1　　4. 马八进七　马2进3

5. 兵七进一　车1进1　　6. 炮八进一　象3进1

7. 炮八平七　炮2进4　　8. 仕四进五　…………

红方补仕,巩固中防。如改走兵七进一,则象1进3,车九平八,车1平2,黑方足可对抗。

8. …………　车9进1　　9. 车九平八　车1平2

10. 车二进六　…………

红方进过河车,准备攻马取势,容易引起黑方的反击。如改走车二进四,则局势相对比较稳健。

10. …………　马7进6　　11. 车二平三　…………

红方平车,窥视黑方底象。如改走炮七进三,则卒7进1,车二平四,马6进8,马三退四,卒7进1,黑方有卒过河易走。

11. …………　马6进4　　12. 炮七平六　炮2平3

13. 车三进三(图14)　车9平6

如图14形势,黑方车9平6,抢控左肋,是改进后的走法。以往曾走车2进8,马七退八,车9平2,车三退二,马4退6,车三退二,车2进8,车三平四,车2平3,车四进二,象1退3,炮六进五,将5进1,帅五平四,红占优势。

14. 车三退四　马4退6

黑方回马拦车,以退为进,大局感极强的走法。

15. 相七进九　　车2平4

16. 炮六退一　　车4进5

17. 车八进三　　士4进5

18. 炮六退一　　…………

红方退炮,希望兑子简化局势,虽然计划落空,但此时已无好棋可走了。如改走车三退一,则马6进5,马三进五,炮5进4,炮六退一,炮5平9,黑亦占优势。

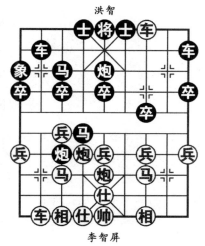

图 14

18. …………　　车4进2

19. 车八平七　　马6进4

20. 炮五平四　　…………

红平肋炮,防黑方马4进6叫杀得车。如改走车三退一,则马6进7,炮五平六,马4进5,车三平二,马5进7,车二退三,车6平5,帅五平四,车5进1,黑方速胜。

20. …………　　卒5进1　　21. 车三进二　　象1退3

22. 车三退三　　卒5进1　　23. 车三平五　　马3进5

24. 车五平三　　车4平3

黑方平车捉马,擒得一子,为取胜奠定了物质基础。红如接走相七进五,则马4进5,车七平六,车3退1,黑亦得子胜定。

25. 兵五进一　　车3退1　　26. 车七退一　　马4进3

27. 炮四平五　　马5进4　　28. 炮五进五　　象3进5

29. 马三退四　　…………

红方不能走兵五进一,否则马4进6,黑方速胜。

29. …………　　车6进7　　30. 相九退七　　马3进1

31. 仕五进四　　车6退1　　32. 马四进五　　马4进5

33. 相七进五　　马1退2　　34. 车三进二　　车6进1

红方少子不敌,遂停钟认负。

第15局
北京蒋川　先胜　湖南程进超

(2005年9月14日于湖南)

全国象棋甲级联赛

1.炮二平五　炮8平5　　2.马二进三　马8进7

3.车一平二　卒7进1　　4.马八进七　马2进3

5.兵七进一　车1进1　　6.炮八进一　象3进1

7.炮八平七　炮2进4　　8.车九平八　车1平2

9.仕四进五　车9进1　　10.车二进六　马7进6

11.车二平三　…………

红方平车捉象,利用黑方的弱点寻找隙缝,力争主动的走法。

11.…………　马6进4　　12.炮七平六　炮2平3

13.车三进三　…………

红车吃象,由此挑起争斗高潮。

13.…………　炮5平4　　14.炮五平六　炮4进4

15.炮六进二　车2进6

黑方进车捉马,失策;可考虑改走炮4平7,车三退四,车2平7(如车2进8,则马七退八,炮7进3,马三进四,炮7平9,马四进六,红方优势),车三进三,车9平7,相三进五,炮7平8,要比实战走法为好。

16.相七进五　…………

红方补相,巧! 黑如接走车2平3,则车三退二,马3退5,车三平五,红方弃子占势易走。

16.…………　车9平2　　17.车八进二　…………

红方兑车,嫌缓。应改走炮六平五,士4进5,帅五平四,将5平4,车三退四,更为紧凑有力。

17.…………　车2进6　　18.帅五平四　士4进5

19.车三退二　炮4平1

面对红方退车捉马,黑方并不理睬,而是挥炮打兵寻求对攻,积极有力的走法。

20.车三平七　炮1进3　　21.帅四进一　车2平3

22. 车七平八　卒5进1　　23. 炮六平二（图15）　将5平4

如图15形势,黑方出将,随手;导致局势迅速恶化。应改走士5进4,红方马位不好,黑方尚可一战。

24. 炮二进五　将4进1

25. 车八进一　将4进1

26. 炮二退七　炮3平7

27. 兵五进一　…………

红弃中兵,下伏车八退五捉炮的手段,顿令黑方防不胜防。

27. …………　　卒5进1

黑方如改走车3退1,则兵五进一,红亦胜势。

28. 车八退五　卒7进1

29. 相三进一　炮1退5

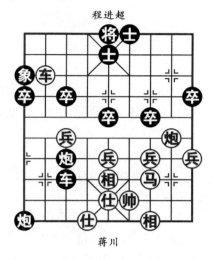

程进超

蒋川

图15

黑方退炮,无奈。如改走卒5平6,则车八进四,将4退1,车八进一,将4进1,马三进五,车3平5,炮二进六,士5退4,马五进六,车5退3,车八退一,将4退1,马六进五,红方胜定。

30. 相一进三　炮1平6　　31. 帅四退一　炮7平6

32. 帅四平五　后炮平1　　33. 马三退四　车3进1

34. 车八平四　…………

红方擒得一炮,为取胜打下物质基础。

34. …………　炮1进5　　35. 相五退七　车3进1

36. 车四平六　卒5平4　　37. 车六平九　卒4平3

38. 炮二平六　车3平2　　39. 马四进五　将4平5

40. 马五进四

黑方少子失势不敌,遂停钟认负。

第16局
湖北熊学元　先负　河北李来群

(1991年10月16日于大连)

全国象棋个人赛

1.炮二平五　炮8平5　　2.马二进三　马8进7

3.车一平二　卒7进1　　4.马八进七　马2进3

5.车九进一　……………

红方高左横车,目的是迅速开动主力,准备对黑方右马施加压力。如改走兵七进一,则炮2进4,马七进八,车9进1,车九进一,车9平4,双方另有攻守。

5.…………　炮2平1

黑方平边炮准备抢出右车牵制红方左翼子力,针锋相对的走法。如改走卒3进1,则车二进四,车9平8,车九平二,车8进5,车二进三,红方下伏兑三、七兵的后续手段,较为易走。

6.兵七进一　……………

红如径走车九平六,则车1平2,车六进五,车9进1,车六平七,车2进2,车二进四,车9平4,黑方下伏炮1退1的反击手段,较为易走。

6.…………　车1平2　　7.车九平六　车2进6

8.炮八退一　车9进1　　9.车二进一　……………

红方应改走车二进四或炮八平七,要比实战走法为好。

9.…………　马7进6

黑方跃马河口,正着。如改走车9平6,则车二平四,车6进7,炮八平四,红可利用兑车之机使左炮顺势右移调整阵形。

10.车六进四　……………

红方如改走马七进六,则马6进4,车六进三,车9平6,炮八平六,炮1进4,也是黑方较为易走。

10.…………　车2平3　　11.车六平四　车3进1

12.车二平四　……………

红方如改走炮八进五,则车9平4,炮八平五,马3进5,炮五进四,士4进5,相三进五,将5平4,仕四进五,车6进7,对攻中黑方易走。

12.…………　炮5平6　　13.后车平六　……………

红方如改走前车进二,则炮 1 平 6,车四进六,象 3 进 5,炮八平二,车 9 平 8,炮二进一,车 3 进 2,黑方优势。

13. ·········· 车 9 平 2

黑方平车瞄炮,紧要之着。

14. 炮八进四　车 3 进 2

黑方乘机掠相,谋取实利。为争取胜利打下物质基础。

15. 炮八平三　士 4 进 5　　16. 炮三进二　象 3 进 5

17. 车六进二　车 3 退 4　　18. 兵五进一　车 3 平 2

19. 兵五进一(图 16) ··········

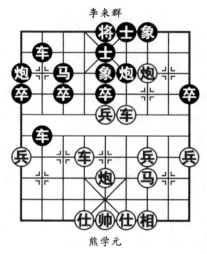

图 16

红方续冲中兵,有嫌急躁。应改走车四退二,先守住兵线要道为宜。

19. ·········· 车 2 进 1

如图 16 形势,黑方进车邀兑,抢占兵线要道,是迅速扩大优势的有力之着。红如接走车六平八,则车 2 进 5,兵五进一,马 3 进 5,车四进一,马 5 进 4,黑方大占优势。

20. 车四退二　前车平 4　　21. 车四平六　卒 5 进 1

22. 马三进五　马 3 进 5　　23. 炮三进一　马 5 进 3

黑方进马提车,紧凑有力,不给红方可乘之机。

24. 车六进三　车 2 进 5　　25. 马五进七　炮 6 进 3

26. 车六平七 ··········

红方如改走马七进五,则炮6平5,红亦难应。

26. ⋯⋯⋯⋯　马3进5　27. 仕四进五　车2平7

28. 相三进一　炮6平3　29. 车七退二　马5进3

30. 相一进三　炮1进4

红方少兵缺相失势,难与黑方抗衡,遂停钟认负。

第17局
广东许银川　先胜　河北张江

(2000年11月16日于安徽蚌埠)

全国象棋个人赛

1. 炮二平五　炮8平5　2. 马二进三　马8进7

3. 车一平二　卒7进1　4. 马八进九　⋯⋯⋯⋯

双方以顺炮直车对缓开车列阵。红方进边马,力求两翼子力平均发展,是比较稳健的走法。以往常见的走法是马八进七,马2进3,兵七进一,炮2进4,马七进八,双方另有不同攻守。

4. ⋯⋯⋯⋯　马2进3　5. 炮八平七　⋯⋯⋯⋯

红方平炮遥控黑方3路线,也是这一变例中常见的攻法。也可改走车九进一,迅速开动左翼大车。

5. ⋯⋯⋯⋯　炮2进4　6. 兵七进一　炮2平7

黑方平炮打兵,置红方七路兵渡河于不顾,力争主动的积极走法。一般多走象3进1,兵七进一,象1进3,马九进七,车9进1,马七进六,车1进2,形成一方多卒一方占先的局面。

7. 兵七进一　车1平2　8. 兵七进一　马3退1

9. 仕四进五　车9进1

黑高左横车,有嫌软弱。似不如改走车2进4(也可改走车2进5,红如兵七进一,则马1进2,兵六平五,炮5退1,马九进七,象3进1,马七进五,卒7进1,形成对攻之势),红如接走兵七平六,则士4进5,兵六平五,炮5平3,要比实战走法为好。

10. 车二进四　⋯⋯⋯⋯

红高右车,引诱黑炮打相,似不如改走车九进一,黑如接走车2进5,则车九平七,卒7进1,相三进一,红占主动。

10.·········　　车9平2

黑方联车,稳健的走法。如改走炮7进3打相,则车二退四,炮7退1,车二进一,炮7进1,炮七退一,红方易走。

11.车九进一　前车进4　　12.炮七进二　士4进5

13.兵九进一　前车进2

黑方进车,正着。如改走前车平1贪吃红兵,则炮七平八,红方下伏炮五平八打车的手段,黑方难应。

14.车九平七　炮7进3　　15.马三进四　炮5进4

黑方如改走车2进4巡河,则炮七平八,也是红方易走。

16.车七进二　后车进6　　17.车七平八　车2退1

18.马四进六　炮5退2　　19.马九进七　炮7退4

20.炮七平四　象3进5　　21.炮四退一　车2进3

22.相七进九　马7进6　　23.炮四进一　炮7退4

24.马七退六　车2进3　　25.后马进七　车2退3

26.马七退六　车2退3　　27.后马进七　车2退3

28.马七退六　车2退3　　29.前马退七　·········

如果循环下去,双方不变作和。红方占先,当然要退马求变了。

29.·········　　炮7退4　　30.帅五平四　炮5平3

31.炮五进一　车2退1　　32.炮五进一　车2进1

33.炮五平三　卒7进1　　34.车二平三　车2退

35.炮四平五　将5平4　　36.车三平四　卒5进1

37.炮五平七　将4平5

黑方如改走炮3进2,则马六进七,交换后红方兵种齐全且有兵过河,占优。

38.兵一进一　马1退3　　39.马七退五　车2平1

40.炮七平八　·········

红方平炮弃相,暗伏进炮串打的手段,灵活有力之着。

40.·········　　车1进2　　41.马六进七　车1平2

42.炮八进一　·········

红方借进马提车之利,再进炮串打黑方马卒,巧妙地扩大了先手。

42.·········　　卒5进1　　43.车四进一　卒5进1

44.马五进三　卒5平4　　45.马三进五　卒4平3

46.马五进六　车2退3(图17)　　47.兵七平八　·········

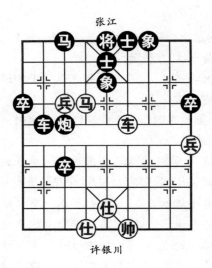

张江

许银川

图 17

如图 17 形势,红方向外平兵伏杀,构思十分精巧！是迅速取胜的有力之着。如改走马六进七,则炮 3 退 3,车四平八,炮 3 平 4,红难取胜。

47. ………… 马 3 进 4

黑方进马,无奈之举。如改走车 2 退 1,则马六进七,将 5 平 4,车二平四杀。

48. 马六退八　马 4 进 2　　49. 马八退七　马 2 进 3

50. 马七进五　炮 3 退 3　　51. 仕五进六　…………

红方扬仕,攻不忘守,老练的走法。如误走马五进四,则马 3 进 5,红方丢车。

51. ………… 卒 1 进 1　　52. 车四进一　马 3 退 5

53. 车四平一

黑方少子不敌,遂停钟认负。

第 18 局

广东许银川　先胜　吉林洪智

（2002 年 6 月 15 日于北京）

"派威互动电视"象棋超级排位赛

1. 炮二平五　炮 8 平 5　　2. 马二进三　马 8 进 7

3. 车一平二　卒 7 进 1　　4. 马八进九　马 2 进 3

5. 炮八平七　炮 2 进 4　　6. 兵七进一　车 1 平 2

形成顺炮直车对缓开车的阵势。黑方抢出右车,放任红兵过河,不落俗套的走法。

7. 兵七进一　炮 2 平 7　　8. 兵七进一　马 3 退 1

9. 仕四进五　……………

红方补仕,稳健的走法。如改走兵七平六,则车 2 进 3,兵六进一,炮 5 退 1,兵六进一,炮 5 进 1,车九进一,车 2 平 4,黑方足可应战。

9. ……………　车 9 进 1

黑高左横车,似不如改走车 2 进 4,红如接走兵七平六,则士 4 进 5,兵六平五,炮 5 平 3,要比实战走法为好。

10. 车九进一　……………

红高左横车,改进后的走法。以往曾走车二进四,车 9 平 2,车九进一,前车进 4,炮七进二,士 4 进 5,兵九进一,前车进 2,车九平七,炮 7 进 3,马三进四,炮 5 进 4,车七进二,后车进 6,车七平八,车 2 退 1,马四进六,炮 5 退 1,马九进七,红方优势。

10. ……………　车 2 进 5　　11. 车九平七　车 9 平 4

12. 相三进一　车 4 进 4

黑方如改走车 2 平 3,则炮七平六,车 4 进 4,车二平四,和实战着法还原。

13. 车二平四　卒 7 进 1　　14. 车四进三　士 4 进 5

黑方补士嫌缓,并非当务之急。应改走车 4 平 6 兑车,则车四进一,卒 7 平 6,互缠中要比实战走法为好。

15. 兵九进一　……………

红弃边兵试探黑方应手,灵活之着。

15. ……………　车 2 平 3

黑方如改走车 2 平 1,则马九进七,车 1 平 2,炮七平九,炮 5 平 1,炮九进五,象 3 进 1,马七进五,红方优势。

16. 炮七平六　车 3 进 3　　17. 马九退七　车 4 平 3

黑方平车捉马,"反凑其忙"。不如改走车 4 平 6 兑走,车四进一,卒 7 平 6,要比实战走法为好。

18. 马七进八　马 7 进 8　　19. 相一进三　车 3 退 2

黑车吃兵,无奈之着。如改走车 3 平 7 吃相,则炮五进四,车 7 平 6,炮六进一,红方多兵占优。

20. 马八进六　车3进2　21. 马六进四　车3平6
22. 车四进一　马8进6　23. 炮五进四　马1进3(图18)

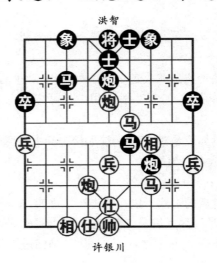

洪智

许银川

图18

黑方忙中出错,应改走马6进7兑子,较易谋和。

24. 炮五平三　…………

如图18形势,红方平炮献炮,构思十分精巧,是扩大优势的精彩之着。黑如接走炮7退3,则马三进四,红多中兵且子力占位好,显然占优势。

24. …………　马6进7　25. 炮三退三　象7进9
26. 兵一进一　马3进5

黑方应改走马3进4,要比实战走法为好。

27. 仕五进四　…………

红方扬仕捉马,妙!令黑方顿感难以应付。

27. …………　马7退9　28. 相七进五　马5进3
29. 仕六进五　炮5平1　30. 相三退一　象9进7
31. 炮三平二　象3进5　32. 马四进六　士5进4
33. 马六进四　将5进1　34. 马四退二　马3退5
35. 马二进三　…………

以上一段,红不急于围歼黑马,而以马炮围困黑方主将,紧凑有力的走法。

35. …………　将5平6　36. 炮二进五　将6进1
37. 相五进三　马5退7　38. 兵五进一　士6进5

39.兵五进一

黑方无法阻挡红方兵五进一的杀着,遂停钟认负。

<h2>第 19 局</h2>

<h3>中国赵国荣　先胜　越南阮成保</h3>

(2011年5月24日于江苏淮安)

第三届"淮阴·韩信杯"象棋国际名人赛

1.炮二平五　炮8平5　　2.马二进三　马8进7

3.车一平二　卒7进1　　4.兵七进一　马2进3

5.炮八平七　…………

红方平七路炮目标明确,直接威胁黑方3路马。另一常见的走法是马八进七,顺势出子。

5.…………　象3进1　　6.马八进九　炮2进4

7.兵七进一　…………

红方通过弃七兵,逼迫黑方飞起高象,达到令对手阵形别扭的目的,是实战中常用的战术手段。

7.…………　象1进3　　8.马九进七　车9进1

9.马七进六　车1进2

黑方此时如改走车1平3或马3退1,则双方另有变化。

10.车九平八　炮2平7　　11.马六进五　象3退5

12.兵五进一　炮7平3

黑方逃炮,避免受攻。如改走车9平4,则车八进三,卒7进1,炮七进二,马3退1,仕四进五,车1平4,炮七平三,前车进4,车八平六,车4进5,车二进三牵住黑方车炮,红方优势。

13.车二进三　炮3退2　　14.兵五进一　卒5进1

15.车二平五　车9平4　　16.车五进二　士4进5

17.仕六进五　…………

红方行棋方向正确,至此子力开扬,牢牢占据盘面主动。

17.…………　卒7进1　　18.炮七进四　炮3进2

黑方顽强的走法是将5平4。

19.马三进五　车4进2　　20.炮七退二　卒1进1

21. 车八进三　炮 3 进 2　　22. 马五进三　·········

吃掉黑方过河卒,红方空间优势巨大。

22. ·········　车 1 进 1(图 19)　　23. 炮五平三　·········

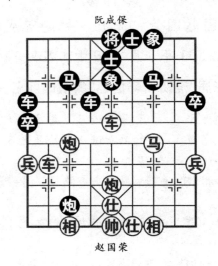

阮成保

赵国荣

图 19

如图 19 形势,红方稳中求胜,此时凶悍的着法是炮七平五,下伏一炮换双象抢攻,红有望速胜。

23. ·········　马 7 退 9　　24. 相三进五　炮 3 平 1

黑方平炮劣着,不如改走车 1 平 2 兑车减轻压力为宜。

25. 车八退二　炮 1 进 1　　26. 车八退一　炮 1 退 1

27. 车八进一　炮 1 进 1　　28. 车八退一　炮 1 退 1

29. 车五平七　车 4 退 1　　30. 车七平二　车 4 进 1

31. 车八进一　炮 1 进 1　　32. 车八退一　炮 1 退 1

33. 车八进一　炮 1 进 1　　34. 车八退一　炮 1 退 1

35. 炮七退二　马 9 进 8　　36. 车八退一　炮 1 退 1

37. 车八退一　炮 1 退 1　　38. 车八进一　炮 1 进 1

39. 车八退一　炮 1 退 1　　40. 相五进七　马 3 退 4

逼退黑马,红方优势进一步扩大,已经不可阻挡,黑方只能被动应对。

41. 车八进一　炮 1 进 1　　42. 车八退一　炮 1 退 1

43. 车八进一　炮 1 进 1　　44. 车八退一　炮 1 退 1

45. 相七进五　马8退6　　46. 车二平八　……………

红方双车联手,黑方1路炮已无处遁逃。

46. ……………　马6进8

黑方忍痛丢炮,如改走炮1平4,则炮七平六,炮4平3,后车平七,炮3平1,车八退四,黑炮也被捉死。

47. 马三进二　车4平8　　48. 前车退四　卒1进1

49. 前车平九　……………

红方多子,胜利在望。

49. ……………　卒1进1　　50. 车八平六　车8进3

51. 兵一进一　车8退1　　52. 车六进八　车8平9

53. 炮七平八　车1退3　　54. 炮八进四　车9平5

55. 车九平八　车1平2　　56. 炮八平七　车2平1

57. 车八进五　车5进1　　58. 炮七平五　卒1平2

59. 帅五平六　卒2平3　　60. 车八平九　车1平2

61. 车九平八　车2平1　　62. 车八平九　车1平2

63. 车九平六　卒3平4　　64. 相五进三　象7进9

65. 炮三平二　……………

顿挫,引离黑方中车,不给其换中炮的机会。

65. ……………　车5平8　　66. 炮二平六

红方平炮,漂亮的最后一击!形成"铁门栓"杀法,黑方认负。

第20局

上海胡荣华　先胜　河北李来群

(1991年9月于昆明)

"宝仁杯"世界顺炮王争霸战

1. 炮二平五　炮8平5　　2. 马二进三　马8进7

3. 车一平二　卒7进1　　4. 马八进九　车9进1

黑方高左横车,嫌急。应改走马2进3,较为含蓄多变。

5. 车二进六　马2进3　　6. 车二平三　车9平4

7. 车九进一　……………

红方当然不能车三进一吃马,否则炮5进4,马三进五,炮2平7,马五进六,象7进5,马六进五,士4进5,马五进三,将5平4,仕四进五,士5进6,黑占优势。

7.…………… 炮5退1　　8.车九平四　车4进6

黑方也可改走车4进1,红如仕四进五,则炮5平7,车三平四,士4进5,兵七进一,车4进2,兵五进一,象3进5,黑可抗衡。

9.炮八进二　炮5平7

黑方如改走卒3进1,则炮八平五,红方主动。

10.车三平二　炮7平4　　11.仕四进五　车4退2

12.炮八平七　炮4进2

黑方如改走马3退5,则炮五进四,马7进5,车二平五,炮2平5,车四进六,炮4进1,车四进一,红方优势。

13.车二进二　马3退5　　14.车二平三　…………

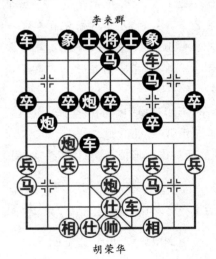

李来群

胡荣华

图20

红方平车蹩马,准备出帅作杀,凶狠之着。

14.…………　炮2进2(图20)　　15.车四进六　…………

如图20形势,红方进车士角蹩住黑方马腿,下伏炮五进四炮击中卒的手段,一击中的,已令黑方防不胜防了。

15.…………　象3进5　　16.帅五平四　炮2平6

17.炮五进四　炮4退1　　18.车三退一　…………

红方舍车砍马,简明有力!

18.…………　炮4平6　　19.车三平四　车4平6

20.帅四平五

红方炮镇窝心马,黑方车炮又被拴链难以支撑,红胜。